KB267543

여성,
자전거,
자유

Bicycling For Ladies:
The Common Sense of Bicycling; with Hints as to the Art of Wheeling—
Advice to Beginners—Dress—Care of the Bicycle—Mechanics—Training—
Exercise, etc., etc.
©Maria E. Ward, 1896

# 여성, 자전거, 자유

마리아 E. 워드 지음
이민경·변유선 옮김

유유

이 책은 자전거에 관한 이야기가 '아니다'. 여성의 삶에 대한 메타포이다. 그러므로 독자가 어떻게 읽느냐에 따라 그 내용이 크게 달라질 것이다. 콘텍스트(독자의 맥락)가 텍스트(책 내용)를 장악하는 책이다. 여성의 이동과 공간적 주체되기는 페미니즘의 중요한 주제다. 이를 '집 밖의 인생', 자전거로 풀어내다니! 읽는 내내 독자를 생각에 잠기게 한다.

"자전거를 이기려 들지 말 것. 배워야 할 사람은 자전거가 아니라 당신이다", "어떻게 대열을 유지하며 함께 주행할 것인가는 골치 아픈 문제다", "적재적소에서 페달을 밟아라", "자신의 제동거리", "방향 조정은 진지하게 숙고해야 할 주제", "언덕 오르기에 도전하기", "길 위의 바람", "부상과 자신의 한계", "중요한 사항에

관심을 갖고 기꺼이 공부해야 하며", "힘으로 속도를
얻는다는 것은 곧 속도를 얻는 만큼 힘이 소모된다는
뜻이다", "자신만의 페이스", "완벽한 자전거는
없다"… 일일이 적을 수 없다.

나는 이 책을 읽고 감동에 휩싸이고 무릎을
치면서, 베란다에 방치된 자전거를 꺼냈다.

**정희진 (여성학자, 『페미니즘의 도전』 저자)**


여기에서 저기로, 저기에서 여기로 이동한다는 것은
무엇을 의미할까. 그것은 단지 신체의 물리적 이동만을
의미하지 않는다. 그것은 세계를 바라보는 또다른 관점을
얻게 된다는 것이고, 무엇보다 나를 이전과는 다르게
바라봐 주는 시선을 얻게 된다는 것이다. 저기에선 추하게
여기던 '자전거 얼굴'이 여기에선 건강한 아름다움으로
빛나는 얼굴이 되는 것처럼.

이 책은 세계에 당신이 차지할 공간이 실은 훨씬 더
넓다고 말해 주는 책이다. 그 일을 익히는 것이 어렵지
않고, 누구나 할 수 있으며, 연습을 하다 보면 자신감이
붙고 흔들림도 줄어든다고 말한다. 또 홀로 넓히는 데에서
멈추지 않고 동료를 만들어 주는 책이다.

당대의 멸시와 조롱을 뚫고 130년 만에 도착한 이

                                          추천의 말

책이, 자전거라는 매개체를 통해 보여 주는 놀라운 통찰과
가슴 두근거리는 가능성이 독자에게 온전히 전해지기를
바란다.

**하미나 (작가, 『미쳐있고 괴상하며 오만하고 똑똑한 여자들』 저자)**


공공장소에서 바지를 입었다는 이유로 여성이
체포되던 시대로부터 불과 한 세대가 지난 시점에 성별을
전면에 내세운 제목으로 자전거에 오르고 내리고 거침없이
달리는 '강단 있는 여성들'을 그린, 믿기 어려울 만큼
훌륭한 삽화에 그치지 않고 이 책의 대부분은 자전거
타기의 보편적 영광을 찬미하는 데 할애되어 있다.
스포츠로서, 시민적 주체성의 한 형태로서 그리고 자연
세계와 전혀 새로운 방식으로 교감하는 영적이기까지 한
실천으로서의 자전거 말이다.
이 책은 오늘날 우리가 당연하게 여기는 것들
가운데 얼마나 많은 것이 소수의 개척자들이 감행한
대담한 도전에서 비롯되었는지를 일깨워 주는 매력적인
타임캡슐이자, 자전거를 정신의 도구이자 자립의 엔진이며
기쁨으로 이동하는 관문으로 기리는, 시대를 초월한
찬가다.

**마리아 포포바 ('브레인 피킹스' 편집장, 『진리의 발견』 저자)**

# 목차

# 여성이 자전거 위에서 넓혀 온 세계
변유선

1896년 미국에서 처음 출간된 이 책은 출간 당시 그다지 환영받지 못했다. 1890년대는 미국과 유럽에서 자전거가 급속도로 대중화되며, 개인의 시공간을 확장시키는 새로운 여가 문화로 자리 잡기 시작한 시기였다. 하지만 여성들은 여전히 이 새로운 문화의 주변에 머물러 있었다.

당시 여성들이 자전거를 타는 건 무모하다고 여겨졌고, 부도덕하다는 비난을 받기도 했으며, 심지어 보기 흉한 행동으로 취급되었다. 여성이 혼자 길 위를 달리며 스스로 균형을 잡고 공공장소를 가로지르는 모습은 사회가 기대하던 여성상에 어긋났기 때문일 것이다. 그런 시대에 마리아 워드는 자전거를 탔고, 자전거가 자신에게 그러했듯 다른 여성들에게도 자립심과 자유를 가져다주기를 바라며 이 책을 썼다.

저자인 마리아 워드에 대해 남아 있는 정보가
많지는 않지만, 공학자나 의료인은 아니었던 것으로
보인다. 이 점에 대해 번역하는 내내 계속해서 놀랄
수밖에 없었는데, 이 책이 단순히 자전거 타는 법을 알려
주는 가벼운 안내서가 아니기 때문이다. 마리아는 전문
지식인이 아니라고는 생각하기 어려울 만큼 물리학, 역학,
생리학적 지식을 동원해 자전거를 설명한다. 힘이 어떻게
전달되는지, 몸의 어느 부분이 균형을 잡는지, 호흡과
자세가 어떻게 연결되는지 빠짐없이 짚어 나가며 이 모든
것을 자전거 타는 사람이라면 누구나 알아야 할 필수
지식이라는 전제 아래 차근차근 풀어낸다.

　　자전거 타기가 누구나 할 수 있는 흔한 취미가
된 시대에, 나는 이 책이 과연 오늘날의 독자에게도
의미 있게 다가갈 수 있을지 종종 고민했다. 자전거
교본으로도, 그 안에 담긴 원리를 설명하는 기술서로도
이 책을 대체할 것이 이미 차고 넘치기 때문이다. 그러던
중 우연히 뜻이 맞는 여성들과 함께 2년에 한 번씩 자전거
여행을 떠난다는 친구를 만나게 되었다. 지난 10여 년
동안 꾸준히 자전거 여행을 기획해 왔다는 친구에게 왜
그렇게 오랫동안 그 일을 이어 오고 있는지 묻자 돌아온
대답은 뜻밖이었다. 자전거를 타면 광장이나 도로 같은

공공장소에서 여성이 점유할 수 있는 영역이 넓어지고,
예상치 못한 위협에서도 비교적 쉽게 벗어날 수 있기
때문이라는 것이었다.

그 말이 내 고민에 대한 해답을 가져다주었다.
마리아가 자전거를 타던 1896년과 오늘날 사이에는
100년이 넘는 시간이 흘렀고 그동안 여성의 삶은 분명
많은 변화를 겪었지만, 이동과 안전 그리고 자유를 둘러싼
감각만큼은 크게 달라지지 않은 것이다. 스스로 움직일
수 있는 능력은 여전히 자립이나 안전과 연결되고, 이동의
자유는 여전히 삶의 선택지를 넓힌다.

그래서 이 책은 오늘의 독자들에게 여전히 의미를
가진다. 『여성, 자전거, 자유』는 여성들에게 자전거 타는
법을 설명하는 동시에 여성이 자신의 몸을 이해하고
움직임을 선택하며 더 큰 세상으로 나아갈 수 있는
가능성을 조용히 전하는 책이다. 마리아 워드는 큰 소리로
주장하지 않는다. 대신 아주 구체적인 설명을 통해 여성도
충분히 배우고 익히며 균형을 잡을 수 있다는 사실을 보여
준다. 그 태도는 1896년에도 필요했고, 오늘날에도 여전히
유효하다. ◉



옮긴이의 말

# 들어가는 말

나는 여성과 소녀 들이 시도하는 다른 스포츠와
마찬가지로 자전거 타기도 다양한 비판을 받는다는
사실을 알게고 있다. 이러한 비판은 대부분의 경우
정당하나,[1] 무엇을 하느냐보다 어떻게
하느냐가 비판의 대상이 되곤 했다. 전에 해
보지 않았던 운동을 시도할 때는 자연스럽게
주변의 다른 사람들이 어떻게 하는지 보고 그대로 따라
하기만 하면 된다고 생각하기 마련이다. 하지만 자전거를
잘타려면, 다른 배움에서도 그러하듯 일단 목표를 세우고
그 목표에 도달하기 위한 수단과 방법을 공부해야 할 뿐만
아니라 피해야 할 것 역시 알아야 한다. 무엇이 되었든
피상적으로 배우려는 자세는 늘 비판받아 왔다. 하지만
건강과 안전에 직결되는 몇 가지 중요한 과학 분야를



[1] 여성에게 자전거 타기가 금지되었던 시대적 배경이 반영된 문장이다.

조금이라도 안다면 사람은 지적으로 자립할 수 있다.
또한 자신과 타인의 건강과 생명을 위험에 빠뜨리지 않고
운동할 수 있다. 따라서 이런 지식 습득을 소홀히 해서는
안 된다.

　　자전거 타기와 직접적으로 연관되는 기계학과
생리학 법칙이 있다. 이 책의 목표는 이 법칙을 알려
주는 것이다. 예를 들어 운동의 잠재적 위험과 간단하고
잘 알려진 생리학 법칙을 자전거 운동에 적용해 피로를
견디고 불필요한 노력을 과도하게 들이지 않는 법을 알려
주고자 했다. 자전거 타는 사람에게는 자전거를 기계로서
이해하는 지식뿐만 아니라 신체에 대한 깊은 지식도
필요하다. 그리고 탑승자와 자전거가 결합되어 하나의
메커니즘을 형성해야 한다는 인식이 있어야 한다. 그러려면
메커니즘의 한계와 가능성을 결정하는 법칙도 알아야
한다. 자전거 타는 사람은 언제 얼마나 오래 이동할 수
있는지를 결정하는 생리학적 물리적 법칙뿐만 아니라 군,
주, 시 같은 행정구역의 법률에 따라 이동을 제한당한다.
따라서 이러한 법률에 대한 지식 역시 갖추어야 한다.

　　이런 주제를 아주 깊이 파고들고자 시도하지는
않았지만, 전반적으로 포괄해 독자에게 제공하려고
노력했다. 자전거에 열정이 있는 사람은 운동의 기쁨을

　　　　　　　　　　　　　　　　들어가는 말

누릴 준비를 하고, 아직 주저하는 사람은 용기를 내고,
경험이 없는 사람은 기존의 한계를 정의하고 결정을
내리는 데 도움을 줄 수 있기를 바라면서 말이다. 자전거
관리에 관한 주제의 경우 세심하게 다루면서 몇 가지
방법을 제안하고 필요한 도구와 사용법도 설명해 두었다.
책에서 다룬 또 다른 주제로는 자전거가 추진력을 얻는
원리, 균형을 유지할 수 있는 이유, 자전거 타는 사람이
공부해야 할 내용, 올바른 자세를 유지하고 실수를 피하는
법, 필요한 복장의 특징 등이 있다.

르그랑주 박사와 애플턴 출판사에 감사의 마음을
전하며, 허락을 받아 『신체 운동의 생리학』에서
인용하였음을 언급하는 바다. ◉

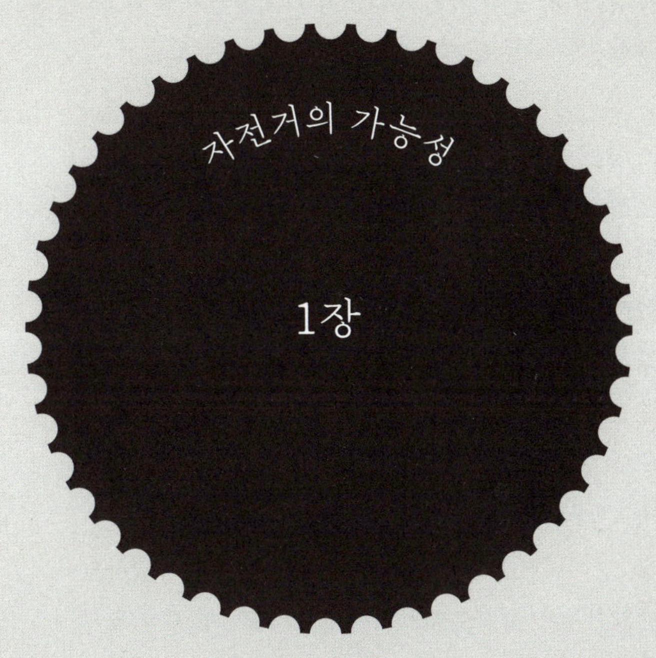
자전거의 가능성
1장

자전거 타기는 무한한 다양성과 기회를 제공하는 현대적 스포츠다. 운동으로서도 비할 데 없이 훌륭하며, 적은 노력으로 큰 성취를 얻을 수 있다. 여가 수단으로도 매력적이다. 자전거 타기의 무한한 가능성과 유용성이 보여 주는 미래, 또한 자전거 타기가 사회경제적 조건에 미치는 영향은 우리에게 폭넓은 사색의 여지를 제공한다.

자전거 타기엔 장점이 많은데, 우선 거의 모든 사람이 즐길 수 있다는 점을 들 수 있다. 운동선수나 운동 애호가에게는 새로운 세상을 열어 준다. 피곤하고 바쁜 직장인에게 또 다른 가능성을 제시하고, 일상의 여러 문제를 해결해 주기도 한다. 이 운동에서 얻을 수 있는 이점은 아무리 말해도 과하지 않지만, 지나치게 몰두할 경우 맞닥뜨릴 위험 또한 크다. 운동에 열중하다 몸에 쌓이는 피로를 알아채지 못해 과로하기 십상이기 때문이다.

자전거가 보편적으로 이용할 수 있는, 단순하면서도 과학적으로 완성된 기제를 갖춘 수단이 된 건 최근의 일이다. 철도교통은 멀리 떨어진 지역을 직접적이고 빠르게 연결하는데, 자전거의 유용성은 바로 철도가 끝나는 곳에서 시작된다. 철도가 닿지 않는 시골 지역을 자전거로 왕래할 수 있기 때문이다. 철도와 자전거의 연계로 아름답고 소중하지만 접근하기 어려웠던 수많은 풍광을 즐길 수 있게 되었다. 자연주의자, 여행자, 지적인 관찰자에게 자전거는 시간과 기회만 들인다면 무궁무진한 이점을 제공한다.

자전거를 타는 목적은 다양하지만, 이 책에서는 인간의 힘으로 움직이는 자전거를 이용한 운동과 스포츠로서의 자전거 타기를 다룬다. 자전거의 역사는 근대 역사와도 긴밀히 얽혀 있다. 그 진화 과정을 살펴보면 끊임없이 개선 사항을 도입하고 적용해 온 거대 산업의 발전 양상을 알 수 있다. 가장 중요한 발명은 공기타이어로, 이를 통해 자전거 타기가 보편화될 수 있었다.

자전거를 타 본 적 없는 사람이나 일부 사람들에게는 자전거 타기가 매력적으로 느껴지지 않을 수 있다. 너무 일상적인 이동 수단이라 사람들의 별다른 관심을 끌지 못하기 때문이다. 주변에서 흔히 접하는 자전거는 대부분의 사람들에게 스포츠로 여겨지지도 않을뿐더러 대중교통이 원활한 도시에 산다면 필요성을 느끼기도 어렵다.

하지만 야외 활동을 사랑하는 사람에게 자전거는 놀라운 가능성의 연속이다. 카누를 타거나 수로를 따라가는 크루즈 여행이 갖는 매력을 이야기하는 글은 많다. 자전거로 하는 육지 여행도 그만큼 매력적이다. 자전거 타기는 다른 많은 스포츠의 장점과 더불어 그 나름의 이점도 갖고 있다. 예를 들어, 자전거 타는 사람은 물론 아주 적은 노력만으로 앞으로 나아가는 큰 기쁨을 누릴 수 있다. 노력이 필요하지만, 스스로의 힘으로 움직이며 눈앞에 펼쳐진 아름다운 풍경을 감상하다가도 흥미가 떨어졌다 싶으면 언제든 곧장 떠날 수 있는 자유를 만끽할 수 있단 얘기다. 과학자나 자연주의자라면 자전거를 타 보라고 특별히 권할 필요도 없이 곧바로 구미가 당길 것이다. 승마를 좋아하는 사람은 새로 등장한 이 수단이 기존의 스포츠를 방해할까 우려할 수도 있겠지만, 이는 증기기관의 등장을 반대했던 사람들의 기우와 비슷하다. 자전거는 기존의 것을 대체하기보다 오히려 자동차와 철도를 연결하는 고리 역할을 하기 때문이다.

자전거는 단순해 보이는 도구지만 사실 복잡한 메커니즘이 단순화된 결과물이다. 자전거가 넘어지지 않는 것은 이미 잘 알려진 자이로스코프 원리 덕분인데, 이는 중력을 극복할 수 있게 해 주는 유일한 메커니즘이다.

자전거는 타는 사람의 역량과 노면 상태에 따라

한계가 정해진다. 자전거 타는 법을 익히고 나면 그
움직임은 의문의 여지 없이 매혹적이며, 스포츠 특유의
짜릿함이 있다. 게다가 운동에서 얻는 직접적인 이점
외에도 늘 극복하고 성취해야 할 무언가가 존재한다.

운동, 이동, 여행 등 자전거를 즐기는 방식에는 여러
가지가 있다. 여행을 하면 주변 지역이 마치 자기 영역처럼
느껴질 것이다. 블록 몇 개 대신 마을 몇 개를 알게 되고,
아는 지역의 범위가 몇 마일[2] 정도에서 두세
카운티로 확장된다. 하루 종일 걸리던 여정이
두어 시간으로 줄어들며, 자전거가 고장 나지만 않는다면
언제나 독립적으로 이동할 수 있다. 자전거 타는 사람만이
느낄 수 있는 이 절대적인 자유는 자전거를 접하는 즉시
알아채고, 기술이 숙련될수록 더 많은 매력을 발견한다.

스케이트, 요트 또는 다른 야외 스포츠를 위한
날씨가 있듯 자전거에도 적합한 날씨가 있다. 하지만
자전거 타기는 날씨에 크게 구애받지 않는 편이기에
이를 위해 딱히 방법을 찾아야 할 필요는 없다. 자전거는
언제나 준비되어 있으며, 타기에 적합한 장소만 있다면
그걸로 충분하다. 도로에서 자전거를 타는 사람은 필요한
모든 것이 갖춰져 있고 부품과 수리 용품을 휴대할
공간도 조금밖에 필요하지 않기 때문에 별다른 도움 없이

[2] 1마일은 약 1.6킬로미터다.

독립적으로 이동할 수 있다. 오로지 자신이 부주의하거나 태만하지만 않다면, 언제든 지체 없이 떠날 수 있다. 그럼에도 자전거 타기를 최대한 즐기려면 철저한 준비가 필요하고, 어떤 비상 상황에도 대처할 수 있는 채비가 되어 있어야 한다.

자전거 타기에는 사교라는 요소가 필연적으로 가미된다. 어디에서나 쉴 수 있고, 자전거를 타면서 먼지를 뒤집어쓴 사람들이 모여 공통의 관심사를 바탕으로 쉽게 유대를 형성하기 때문이다. 대화는 개인의 취향이나 취미로 이어지므로 특별한 지식을 얻거나 그렇게 얻은 지식을 활용할 기회가 끊임없이 생긴다. 자전거 타는 역량뿐만 아니라 거의 모든 화제에 관한 다양한 이야기를 나눌 수 있는데, 이때 쾌활함은 필수 요소다. 자전거 여행에서는 늘 새롭고 흥분되는 사건이 벌어지기 마련이고, 오히려 모든 것이 계획대로 흘러가는 경우는 거의 없다고 보는 게 맞다.

야외 운동이 주는 이점은 아무리 강조해도 지나치지 않은데, 자전거 타기의 가장 큰 장점 중 하나가 신선한 공기와 운동을 접할 기회가 별로 없는 많은 사람을 야외로 끌어낸다는 점이다. 건강을 완벽하게 유지하기 위해서는 적절한 산소 공급이 필요한데, 자전거 타기를 시작하려는 사람이 직면하는 가장 큰 문제는 일반적이든

특별하든 운동 자체에 익숙하지 않다는 점이다. 운동에
익숙한 사람은 피로에 대처하고 견디는 법, 연습의
중요성, 숙련도를 높이는 방법을 안다. 그러나 운동에
익숙하지 않은 사람은 이를 모두 새로 배워야 하며, 제대로
자전거를 타려면 더 많이 공부하고 연습해야 한다. 하지만
초보자라서 좋은 점이 있다. 잘못 습득한 지식을 잊으려
애쓸 필요가 없고, 다른 사람의 경험을 통해 배울 수
있다는 것이다.

최상의 결과를 얻으려면 우리 몸이라는 기계를
과도하게 혹사시켜서는 안 된다. 적절한 순간에 멈추는
법은 터득하기 가장 어렵지만 자전거를 제대로 타기 위해
반드시 알아야 한다. 자전거의 구조와 각 부품의 역할,
조정 방법은 기억력과 관찰로 익힐 수 있다. 인간의 몸이
기계적 환경에 적응하는 방식을 이해하는 데는 고도의
통찰력과 특별한 지식이 필요하다. 하지만 인간의 몸은
적응력이 매우 뛰어나고 쉽게 망가지지 않는 기계이기도
하다. 따라서 몇 가지 간단한 법칙에 주의를 기울이면
충분히 관리할 수 있다. 위험신호를 기다리지 말고 피해
가는 법을 아는 게 중요하다.

자전거 타기는 이를 현명하게 시도하는 모든 이에게
아름다운 미래를 선사한다. 열정과 직감으로 움직이는

것 역시 가치 있지만, 수월하게 목표를 이루려면 실용적인
정보와 공부가 꼭 필요하다.

　　화창하고 선선한 아침, 쭉 뻗은 도로, 건조한 공기,
내 앞에 펼쳐진 아름다운 시골 풍경, 나 스스로 보고 즐길
수 있는 모든 것. 적절히 조정된 자전거가 당신을 기다리고
있다 —굴러가는 바퀴, 부드러운 타이어의 느낌, 이따금
철컥거리는 체인 소리가 아침의 합창에 더해진다. 눈앞에
펼쳐진 도로를 따라 속력을 올리는 것보다 더 즐거운 일이
어디 있을까!◉

자전거의 역할

2장

우리의 신체적 능력은 어떤 의미에서 꾸준히 시험되어
왔다. 걷기를 예로 들자면, 우리는 스스로 얼마나
오랫동안 어디까지 걸을 수 있는지, 무리 없이 걸을 수
있는 거리는 얼마나 되는지 잘 알고 있다.

자전거는 오직 사람의 힘으로만 추진력을 얻는데도
보행자의 이동 거리를 네 배나 늘렸다. 그리하여 자전거는
우리가 스스로의 힘을 발휘하고 증명해 자신감을 갖게
해 준다. 걷기에도 승마에도 관심 없는 사람 —대부분의
사람들이 그렇긴 하다 —에게 자전거는 새로운 분야에서
자기 능력의 한계를 시험해 볼 수 있다는 기회를 제공한다.
또한 가고 싶다는 이유만으로 그곳에 갈 수 있는
새로운 즐거움도 선사한다. 주의만 기울이면 자전거는
탑승자의 손길과 생각에 반응하며 탑승자의 의지에 따라
움직이므로. 그렇게 이곳저곳 돌아다니며 자연의 상쾌함,
끊임없이 변하는 구름과 하늘, 햇빛과 그늘, 초원과 바다,
호수와 강, 산과 숲의 아름다움을 자유롭게 만끽할 수
있다.

자전거를 타면 우리 자신의 능력이 드러나면서 마치
새로운 감각이 생겨나는 듯한 경험을 하게 된다. 평소
예민하지 않던 사람도 점차 감각이 깨어나고, 예민한
사람은 전에 맛보지 못한 기쁨에 즉각 휩싸인다. 몸은

활력을 찾고 정신은 맑아지며, 먼지 쌓인 거미줄을 쓸어 낸 것마냥 걱정이 사라진 마음은 새롭고 아름다운 감동으로 가득 찬다. 새로운 세계를 정복한 당신은 환희에 차서 그 세계를 자신의 것으로 받아들인다.

차량이나 대중교통으로 이동하면 개인의 책임 의식이 극도로 낮아진다. 사실상 신경 쓰지 않는다고 할 수 있을 정도다. 일정한 비용을 지불하고 그에 상응하는 수준의 안전과 편안함과 편의를 제공받으며 목적지로 옮겨 갈 뿐이다. 그러나 자전거에 올라타면 우리는 그 즉시 엄청난 책임감을 느끼게 된다. 이제 합리적인 범위 내에서 원하는 대로 움직일 수 있기 때문에 전에는 신경 쓸 필요 없었던 사항들에 대해 끊임없이 판단하고 결정을 내려야 한다. 그 결과 자신에게 주어진 의무뿐만 아니라 타인의 권리에도 기민하고 적극적이고 신속하고 아주 예민하게 반응하게 된다. 스스로에 대해서도, 대중에 대해서도, 타인의 권리에 대해서도 당신은 책임감을 가져야 한다. 이전에는 관심 밖이었을 법규의 준수, 사회복지, 공중보건과 안전 같은 문제를 하나씩 고려해야 한다. 다시 말해 개인의 의무, 타인의 권리에 대한 인식, 법률의 적절한 집행 수단에 대한 숙고, 이 모든 것이 자전거 타는 사람의 정신을 일깨운다.

이처럼 자전거에는 잘 드러나지 않지만 광범위하게

영향을 미치는 교육적 요소가 있어서, 타는 사람은
진보를 열망하고 더 나은 것을 추구하며 최고가 되기
위해 노력하게 된다. 자전거 타기는 세상일에 적극적으로
뛰어들어 활동하며 살아가길 간절히 바라는 많은 이들에게
찾아온 기회다. 이 기회와 정면으로 마주하기만 하면
무엇을 이루고 성취해야 할지에 관한 문제는 저절로
해결될 것이다.◉

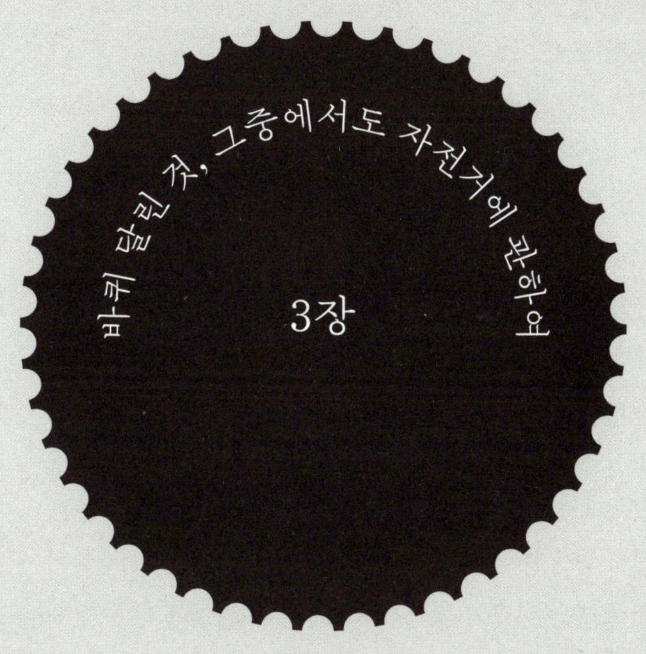

바퀴 달린 것, 그중에서도 자전거의 팬이요
3장

바퀴의 형태는 아주 오래전부터 있었지만 그 구조는
현대에, 그것도 비교적 최근에 완성되었다. 바퀴는
점진적으로 발전해 왔다. 처음에는 무거운 물체 아래에
놓는 둥근 막대나 굴림대 형태였고, 곧 마찰력을 줄이기
위해 중심부를 얇게 만든 굴림대가 등장했다. 이후
원반 모양으로 깎은 통나무 두 개를 막대기로 연결해
회전시키는 형태로 진화한 것이 이전의 투박한 굴림대를
대체했다.

그러다가 각각의 바퀴, 즉 원반 자체를 개별적으로
연구하기 시작했다. 먼저 바퀴의 가장자리나 테두리의
마모가 문제로 떠올랐고, 표면을 보호하면 원반의
수명이 무한히 길어진다는 사실을 발견했다. 다음으로는
원반 중앙의 구멍이 고르게 마모되지 않는다는 사실을
인지하고 이를 보강하며 바퀴의 중심부인 허브가 그
모양을 갖추기 시작했다. 이렇게 테두리가 튼튼해지고
중심부가 손상될 일이 없어지자, 바깥 부분을 지탱하기
위해 굳이 원반을 지나치게 단단하고 무겁게 만들 필요가
없다는 결론이 나왔다. 그래서 쓸모없이 무게만 차지하는
부분을 제거하고 원반에 구멍을 뚫어 더 가볍게 만들었다.
이후 이 구멍들은 기둥이나 막대기 형태를 이루게 되었고,
이러한 기둥 하나가 부러지면 둥근 막대기로 대체했다.

이렇게 보다 가볍고 튼튼하고 경제적인 구조를 얻기 위해 여러 조각을 조립해 바퀴를 구성하는 개념이 점차 형성된 것으로 보인다.

이후 바퀴는 더 발전했다. 마찰과 하중을 견딜 수 있게 중심부에 무거운 허브를 두고, 테두리는 여러 조각으로 만들되 각 조각을 바큇살로 지탱하며, 타이어라는 띠로 모든 것을 연결했다. 시간이 지나면서 허브는 더 무겁게, 바큇살은 더 얇게, 테두리는 더 단단하고 가볍게, 타이어는 더 좁게 바뀌었다. 두 개의 바퀴를 연결하는 차축은 매우 튼튼하면서도 바퀴가 부드럽게 회전할 수 있도록 끝을 매끄럽게 만들었다. 이후 바퀴 간의 거리가 가까울수록 더 잘 굴러간다는 사실을 알게 되었다. 부드러운 노면에서 타이어가 너무 깊이 빠지자 폭을 다시 넓히기도 했고, 도로 상태도 신경을 쓰기 시작해 심하게 파인 곳은 메워서 매끄럽게 만들었다.

바퀴는 '차축을 중심으로 회전하는 원형 구조물'로 정의되는데, 여기서 차축은 '바퀴를 거치하는 속이 꽉 차거나 빈 축 혹은 막대'를 의미한다. 최초의 자전거 바퀴는 마차 바퀴와 같은 방식으로 만들었지만, 이 제작 방식은 곧 한계에 도달했다. 테두리는 바큇살로 지탱하고 바큇살은 허브로 지탱하는 구조였는데, 최소한의 자재만 사용했음에도 바퀴가 여전히 너무 무겁고 부피가 컸다. 그렇다고 자재의 무게를 줄이면 바퀴가 산산조각 날 터였다.

오늘날의 자전거 바퀴는 완전히 새로운 원리로 제작된 복합 기계장치다. 자전거 바퀴는 하중과 지지 방식을 역으로 적용해 매달아 지탱하는 원리로 만들어진다. 허브가 테두리에 매달려 있고, 차축이 이 방식으로 지탱된다. 각 자전거 바퀴는 사실상 두 개의 바퀴가 결합된 구조로, 하나의 테두리를 공유하며 짧은 차축의 양 끝에 각각 허브가 달려 있다. 바큇살은 이 하나의 테두리에 전부 연결되며, 하중과 충격을 견딜 만큼 단단하고 탄력 있게 만든다. 바퀴 테두리는 탄력성과 내구성을 함께 갖춘 구조물이다. 와이어로 된 여러 개의 바큇살이 이 테두리에 고정되며, 각 바퀴의 허브는 바큇살에 매달려 중앙에 위치하게 된다. 허브와 차축의 폭은 테두리보다 넓고, 양쪽 허브 끝에 교차로 연결된 바큇살은 바퀴를 단단하고 강하게 지지한다.

현대식 자전거 바퀴의 차축은 복합구조로 되어 있으며, 차축에는 끝이 두 개 있지만 바퀴의 테두리는 하나뿐이다. 이 테두리는 여러 지점에서 분산된 하중을 동시에 받아 지탱하며, 각 하중은 서로 균형을 이루면서

바퀴에 강도와 강성을 부여한다. 즉 차축은 하나의
테두리에 결합된 두 개의 바퀴를 동시에 지탱하는 역할을
하며, 수많은 지점에서 차축의 양 끝을 각각 지지하기
때문에 비교적 가벼운 자재로도 매우 큰 하중을 견딜 수
있다.

앞바퀴와 뒷바퀴의 차축은 자전거 프레임을
지탱한다. 이 구조에 대해 간단히 말하자면, 자전거에
실리는 하중은 추력의 원리에 따라 전달되는데 이 추력을
받는 프레임의 모든 지점은 그 힘을 지탱하고 견디도록
보강되어 있다.

우리가 발로 페달에 가하는 압력은 기계적인 힘의
전달 원리를 통해 증폭된다. 이에 따라 페달 크랭크가
한 번 회전할 때 뒷바퀴는 여러 번 회전하게 된다.
체인구동식에서는 페달 크랭크의 축에 큰 바퀴가, 뒷바퀴
축에 이보다 작은 바퀴가 걸려 있다. 두 바퀴에는 모두
톱니가 있는데 큰 바퀴에 톱니가 더 많다. 큰 톱니바퀴를
감싸고 도는 체인의 고리에 톱니가 걸리게 되어 있어서
톱니바퀴가 회전하면 체인이 한 칸씩 끌려오면서 움직인다.

작은 바퀴에도 톱니가 있다. 큰 톱니바퀴가 조금만
회전해도 체인이 한 칸씩 끌려오는데, 이렇게 체인이 한
칸씩 당겨지면서 뒷바퀴가 회전하게 된다. 작은 톱니바퀴는

체인에 끌려오면서 회전하는데, 큰 톱니바퀴와 톱니 수를
맞추기 위해 더 많이 회전한다. 이때 뒷바퀴의 회전수는 두
톱니바퀴의 톱니 수에 따라 결정된다.

자전거 뒷바퀴는 매우 빠르게 회전하며, 그 과정에서
사실상 자이로스코프[3]처럼 작용한다.

자이로스코프는 외력이 개입하지 않는 한
자신이 회전하는 평면을 그대로 유지한다. 앞바퀴는
노면과의 마찰에 의해 회전하며, 자전거가 일단 주행하기
시작하면 그 움직임을 제어하고 방향을 바꾸는 데
작용하는 힘은 마찰과 저항이다.

자전거에 사람이 올라타면 균형에 변화가 생기기
때문에 무게중심이 끊임없이 이동하는 복잡한 상황이
추가된다. 자전거의 방향을 조종하는건 앞바퀴인데,
이때 뒷바퀴는 노면에서 약간 미끄러지듯 움직이며 그
방향을 따라간다. 그러나 너무 급격하게 방향을 바꾸면
뒷바퀴가 접지력을 잃으면서 미끄러지고, 이와 동시에
탑승자의 무게중심이 본래 지지점인 뒷바퀴 축의 위쪽에서
바퀴 테두리 위쪽으로 갑자기 이동한다. 그로 인해 긴 팔
끝에 무게가 실린 지렛대처럼 되어 결국 자전거가 옆으로
넘어진다.

바퀴가 회전하는 동안에는 항상 타이어와

테두리에 당기는 힘이 작용한다. 체인이 톱니바퀴를
따라 끌려가듯이 타이어 역시 노면과 마찰하며 앞으로
나아간다. 타이어에 충분한 접지력을 제공하지 못하는
진흙길 같은 곳에서는 바퀴가 앞으로 굴러가지 못한다.
크랭크가 바퀴를 회전시킬 수는 있겠지만, 그 회전만으로
바퀴가 자세를 유지하며 추진력을 얻기는 힘들다.



마찬가지로 페달 크랭크가 데드 센터[4]를 지날
때 한쪽 바퀴에 지나치게 많은 하중이 실리면
이와 동일한 현상이 생겨 바퀴가 미끄러지며
자전거가 넘어진다. 이렇게 발을 움직여 자전거 바퀴를
회전시키는 데는 다양한 기계적 방식이 사용된다.

프레임을 구성하는 방식은 다양하며, 각 부분에
들어가는 부품도 설계와 형태가 모두 다르다. 그러나
자전거의 기본 구조는 변하지 않는다. 자전거는
기본적으로 동력을 직접 전달받는 고정된 바퀴 하나와
그와는 독립적으로 작동하며 방향 조종에 사용되는
움직이는 바퀴 하나로 이루어진 구조다. 후자는 자전거가
앞으로 밀리거나 끌릴 때만 회전하며, 자전거가 움직이는
지점에서 자전거를 지탱해 안정성을 부여한다.

이처럼 자전거 프레임과 그에 실린 모든 하중은
하나의 바퀴가 지탱한다. 물론 두 바퀴 모두 프레임을

지지하긴 한다. 프레임의 양쪽 끝에 두 바퀴가 각각
위치하는데, 한 바퀴에 프레임의 실질적 하중이 모두
실리고 다른 바퀴는 프레임을 받쳐 주는 역할만 한다.
만약 두 번째 바퀴도 프레임에 단단하게 고정되어 있다면,
하중을 지탱하는 다른 바퀴는 동일한 평면에서만 움직일
수 있을 것이다. 이는 아이들이 갖고 노는 바퀴 두 개
달린 손수레를 생각하면 쉽게 이해할 수 있다. 손수레가
앞으로 곧게 나아갈 때는 아이가 안전하지만, 두 바퀴 중
하나라도 홈에 빠지면 단단히 고정된 손잡이가 그 방향
변화를 따라가지 못해 아이가 끌려가거나 넘어지게 된다.
반대로 손잡이나 프레임에 약간의 유격이 있어 느슨하게
잡을 수 있으면 이 손잡이로 방향을 조정할 수 있다.
손수레의 손잡이를 자전거 프레임의 끝부분으로 보면
된다.

　　이제 바퀴로 방향을 조정하는 방법을 살펴보자.
자전거에는 단단한 포크와 포크를 지탱하는 바퀴가 있다.
포크는 바퀴를 자신과 같은 평면에 고정시키지만,
각 포크의 윗부분은 프레임에 고정되는 대신 프레임에
마련된 베어링헤드를 관통해 위로 올라간다. 이 구조
덕분에 바퀴는 프레임의 지탱을 받으면서도 독립된 평형
상태를 유지하고, 포크의 축이 방향을 바꾸면 앞으로

나아가면서 프레임을 그 방향으로 끌고 간다. 그리하여
조종력 또는 조향의 힘이 앞바퀴로 옮겨 가는 것이다.

하중을 지탱하는 뒷바퀴는 앞바퀴의 방향을
따라간다. 뒷바퀴 동력의 일부가 추력에 의해 앞바퀴로
전달되면 앞바퀴는 노면에서 밀리듯 나아가며 회전한다.
이렇게 회전하면서 발생한 동력의 일부는 움직일 수
있는 자전거 헤드로 전달되고, 탑승자가 이 헤드를 잡고
제어하면서 자전거 전체를 원하는 방향으로 움직인다.

자전거 프레임에는 다이아몬드 프레임과 드롭
프레임 두 종류가 있다. 드롭 프레임은 올라타기 쉽고,
여성의 복장을 고려해 설계되었다. 반면 다이아몬드
프레임은 높은 강도를 지녔으며 그 무게가 놀라울 정도로
가벼운데도 추력과 하중을 견디는 능력이 탁월하다.
자전거 프레임에는 보통 최대의 하중과 압력을 견딜 수
있는 삼각형 구조가 사용된다. 이 삼각형 모양의 프레임은
뒷바퀴 위에서 지탱되지만, 일부는 앞쪽으로 뻗어 나가
앞바퀴와도 연결된다. 방향을 조정하는 앞바퀴에는
자전거를 제어하는 손잡이가 달려 있다. 탑승자의 무게는
동력을 전달하는 뒷바퀴에 실리며, 지렛대 작용을 통해
탑승자의 발에서 자전거로 추진력이 전달된다.

지금까지 설명한 내용을 통해 자전거가 어떻게

작동하는지 대략적이나마 이해할 수 있을 것이다. 그러나 구조적 세부 사항은 형태, 설계, 자재, 제작 방식에 이르기까지 매우 다양하다. 작은 부품 하나하나의 형태, 용도, 표면 각도를 포함한 모든 세부 요소는 수많은 사람이 오랜 세월에 걸쳐 축적한 사고의 산물이다. 사람들은 오랫동안 자전거를 원하고 기대하며 꾸준히 개발해 왔다. 하지만 대중적 보급은 다소 급작스레 이루어졌다. 충분히 가볍고 튼튼하며 탄성까지 갖춘, 다시 말해 일상적으로 누구나 믿고 사용할 수 있을 만큼 신뢰성을 확보한 자전거가 나오고 나서야 비로소.◉

초보자를 위해

4장

올라타고 출발!

얼마나 쉬워 보이는가. 하지만 초보자에게는 결코 쉽지 않다. 자전거에 올라타자마자 본능적으로 타는 법을 터득하는 행운아가 아니라면, 이 장에서 전하는 조언을 참고하면 좋을 것이다. 자전거는 누구나 탈 수 있다는 점을 항상 기억하라.

자전거를 탈 때 초반 몇 분만큼 빠르게 지치는 경우도 없다. 평소 잘 사용하지 않던 근육으로 익숙지 않은 동작을 시도해야 하기 때문이다. 여기에 요구되는 노력과 수반되는 신경과민으로 갑작스레 원인 모를 피로가 몰려올 수도 있다. 하지만 손상된 조직이 회복될 만큼 충분한 휴식을 취하면 금방 정상 컨디션으로 돌아올 것이다. 그러니 무리하기보다는 약간 피로를 느낄 때 쉬는 것이 좋다. 피곤할 때는 그 어떤 것도 제대로 배울 수 없다. 그리고 피로도는 오직 본인만이 정확히 판단할 수 있다.

통제하기 어렵고 혼자서는 서 있지도 못하는 한낱 기계에 불과한 자전거를 처음 타는 순간은 끔찍할 것이다. 하지만 시도해 보지 않고서는 자전거를 다룰 수 있을지 없을지 절대 알 수 없다. 그러니 직접 도전해서 알아내자. 배우는 기간은 사람마다 다르다. 5분 안에 배우는 사람도 있고, 6개월이 걸리는 사람도 있다. 하지만 기억하자.

올바른 자세—자전거와 같은 방향으로 몸 기울이기

자전거를 이기려 들지 말 것. 배워야 할 사람은 자전거가 아니라 당신이다.

자전거를 처음 탈 때는 오직 자전거에만 집중하고, 말하지 말고, 시선은 정면을 향해 6미터 이상 멀리 바라보아야 한다. 자전거는 시선이 향하는 방향으로 움직인다는 사실을 명심하자.

자전거 안장에 앉을 때 척추는 뒷바퀴와 일직선을 이뤄야 하며, 평소 방식대로 균형을 잡으려고 척추를 자전거가 기울어지는 반대 방향으로 굽혀선 안 된다. 평소와는 다르게 근육을 움직여 새로운 균형감각을 터득해야 한다. 자전거 위에서 자연스럽게 균형을 잡을 수 있을 때까지는 상체를 곧게 세운 채 움직이지 않고 앉아 있어야 한다는 사실을 유념하자. 균형이 흐트러져 자전거가 넘어질 것 같으면 핸들을 조종해 앞바퀴를 좌우로 움직이면 된다. 다른 사람의 도움을 받을 수 있다면 한 발만 사용해 페달을 돌리는 연습을 양쪽 발 모두 번갈아 해 보면 좋다. 이를 통해 바퀴를 굴리려면 어느 정도의 힘이 필요한지 가늠할 수 있다.

두 발이 모두 페달 위에 있으면 두 페달이 서로 대항한다. 따라서 올라가는 페달에는 무게를 싣지 않고 내려가는 페달을 힘껏 밟아 반대 발이 다시 페달을 밟아

내릴 수 있는 위치까지 올라가도록 만들어야 한다. 단, 이 지침은 전진하는 상황에만 적용된다. 후진의 경우 반대로 해야 한다. 시선은 정면을 멀리 내다볼 것. 자전거는 빠르게 나아가기 때문에 어딘가 혹은 무엇을 볼지 정해 두지 않는 게 좋다.

조금 우스꽝스러워 보일 수도 있지만, 자전거에서 내려 끌고 걸어가 보는 것도 좋다. 자전거가 굴러가는 느낌을 파악하는 데 도움이 될 것이다. 두 손으로 핸들을 잡고 돌아가는 페달을 피하며 끌고 걸어 보자. 이를 통해 자전거를 일으켜 세우고, 빠르게 방향을 바꾸고, 한정된 공간에서 후진하는 법을 배울 수 있다.

지금까지는 자전거를 처음 마련할 때 설정된 그대로 두었을 것이다. 하지만 이제 자전거를 자신에게 맞게 조정하는 방법을 생각해 봐야 한다. 아마 가장 먼저 안장이 잘못되었다는 걸 알아차릴 것이다. 안장은 매우 중요한 부속물로, 안장을 어떻게 조정하느냐에 따라 많은 것이 달라진다. 초보자는 보통 크고 부드러운 안장을 선호한다. 이것이 균형 잡는 법을 배우는 데는 좋을 수 있지만, 실제 주행을 위해서는 여러 가지 이유로 바람직하지 않다.

처음 페달링을 연습할 때는 페달이 가장 낮은 위치에

잘못된 자세—자전거의 반대 방향으로 몸 기울이기

있을 때 발바닥의 오목한 부분이 페달에 안정적으로 닿을
수 있도록 안장 높이를 조정해야 한다. 그러나 실제로
페달을 밟을 때는 발볼만 사용하며 최대한 빠르게 페달을
따라가야 한다. 페달이 반 정도 내려오면 발끝을 아래로
향한 뒤 페달이 가장 낮은 지점에 이를 때까지 그대로
유지한다. 발로 페달을 따라가며 페달이 위로 절반쯤
올라올 때까지 계속 발끝은 아래를 향하도록 해야 한다.
이 동작은 크랭크가 데드 센터를 무리 없이 넘어가도록
도와준다. 올바른 페달링 방법을 터득하기 위해서는
양발에 번갈아 주의를 기울이며 연습하는 것이 좋다.

　균형 잡는 법을 배우는 단계에서는 페달이 가장 낮은
지점에 있을 때 발볼이 페달에 살짝만 닿게 안장을 최대한
높여야 한다. 방해받을 일이 없는 평탄한 장소에서 다른
사람과 함께 혹은 혼자서 이 방식으로 페달 돌리는 연습을
해 보자.

　손으로 자연스럽게 핸들을 쥐어 보자. 핸들 바는
앞바퀴에 두 가지 주요한 움직임을 전달한다. 하나는
짧고 미세한 좌우 흔들림, 다른 하나는 방향 전환을 위한
큰 움직임이다. 또 처음 자전거를 배우는 사람에게는
앉아 있는 것 자체에 도움을 주는 손잡이 역할을 한다.
초보자는 넘어지지 않으려고 핸들을 세게 당기곤 한다.

이는 몸에 무리가 가는 동작으로, 팔과 어깨가 뻣뻣해지고 손에 물집이 잡히기도 한다. 자전거에 앉아 있는 것이 크게 힘들지 않다면 많이 성장한 것이다.

　이제 다른 발에 대해 이야기해 보자. 이쯤 되면 '다른 발'이 무엇을 가리키는지 명확해졌을 것이다. 즉, 늘 잠시라도 주의를 소홀히 한 발이 결과적으로 예상치 못한 문제를 일으키는데, 그로 인해 페달을 놓치는 등 불편함을 겪게 된다. 발로 내려가는 방향을 향해 힘을 가하기는 어렵지 않지만, 올라가는 페달에서 적절한 순간에 힘을 빼기는 아주 어렵다. 대개 일정 수준 이상 연습한 이후에야 평소에 거의 사용하지 않던 들어 올리는 근육이 충분히 단련되어 이 동작을 쉽게 할 수 있다.

　핸들 바를 이용한 또 하나의 움직임은, 바로 자전거가 넘어지려 할 때 기우는 방향으로 빠르게 비트는 것이다. 아주 갑작스러운 이 동작은 바퀴를 원래 위치로 되돌려 놓는다. 만약 자전거가 정지해 있는 상태에서 앞바퀴를 틀면 자전거는 앞바퀴가 향한 반대 방향으로 넘어진다. 반대로 주행 중에는 핸들 바를 반대쪽으로 던지듯 틀어야 넘어지지 않는다. 앞바퀴를 좌우로 흔들어도 같은 결과를 얻을 수 있다. 자전거가 아주 느리게 움직일 때 계속해서 좌우로 흔들며 자전거가 기우는 반대 방향으로 균형을 옮기면 자전거는 똑바로 서 있는다.

탑승자는 몸을 뒷바퀴에 맞춰 기울이며 그와 평형을 이뤄야 한다. 마치 타이어의 맨 아래부터 머리 꼭대기까지 곧은 막대기에 묶여 있는 것처럼 최대한 바퀴와 한몸이 되어야 한다. 뒷바퀴와 뒷바퀴에 실리는 모든 하중은 앞바퀴에 의해 제어되고 핸들로 조종된다. 탑승자의 체중이 전부 뒷바퀴에 실리기 때문에 동력은 뒷바퀴에서 나오며, 앞바퀴는 균형을 맞추고 방향을 조정하는 역할만 한다.

처음 자전거를 배울 때 완전한 복장을 갖출 필요는 없다. 니커보커스 바지[5] 한 벌이면 충분하다. 편한 신발과 장갑, 그리고 어떤 상황에서도 벗겨지지 않을 모자 역시 챙기자. 옷의 허리 부분은 최대한 느슨해야 하며 소재는 플란넬이 좋다. 꽉 조이는 밴드나 고무줄이 있는 것은 피해야 한다. 운동을 하면 호흡이 가빠지므로, 낙낙한 옷을 입어야 하부 갈비뼈를 확장해 폐를 가득 채우며 편안하게 깊은숨을 들이쉴 수 있다. 물론 이러한 예방 조치를 하더라도 과도하게 운동하면 현기증과 호흡곤란이 올 수 있다. 많은 사람, 특히 몸을 움직이는 활동에 익숙하지 않은 사람은 처음에는 10~15분 정도만 연습하고 이후에는 30분쯤

5 무릎 아래에서 졸라매게 되어 있는 통이 넓고 느슨한 반바지. 19세기에 처음 등장했다.

연습하면서 여러 번 휴식을 취하는 게 좋다. 그리고 배우는
단계에서는 모든 종류의 자전거 액세서리를 떼어 내야
한다. 자전거를 무겁게 만들고 집중을 흐트러뜨려 방해가
될 뿐이기 때문이다.

정리하면, 당신이 집중해야 할 단 한 가지 목표는
자전거를 나아가게 하는 것이다. 자전거를 밀고 나가
움직이게 하라. 처음에는 조금 불편하고 어색해도
신경 쓰지 말자. 그저 안장에 제대로 앉아 있는 데만
집중하라. 자전거의 균형을 잡으려 하지 말고 자전거가
기우는 방향으로 함께 몸을 기울여라. 물론 반대쪽으로
움직이고픈 충동이 일겠지만 절대 자전거와 멀어지면 안
된다. 자전거는 맞서야 할 대상이 아니다. 잘 통제해서
앞으로 나아가게 해야 할 대상이다. 이 기술을 익히는 것은
어렵지 않다.◉

좌절한 이들을 위한 조언

5장

자전거 타는 법을 배우는 당신은 몇 차례 연습을 통해
자전거에 올라타는 데 성공했을 것이다. 중간에 서지 않고
꽤 긴 거리를 주행하기도 했을 테지만, 주행을 마치면
여지없이 녹초가 되었을 것이다. 아직도 종종 넘어질
테고, '자전거 타기'라는 목표를 이룬 것도 같지만 여전히
만족스럽지 않을 것이다. 다른 사람들은 어렵지 않게
해내는 일에 서툰 자신에게 실망했을지도 모르겠다. 이
장에서는 초보자가 흔히 겪는 좌절의 단계에서 다시금
챙겨야 할 내용을 정리했다.

주행 연습을 할 땐 바람이 불지 않으면서 너무 덥지도
춥지도 않은 날을 골라야 한다. 자전거 타기에서 날씨는
중요한 요소다. 실제로 초보자는 본인의 실력과 상관없이
외부 조건에 의해 좌절을 맛보는 경우가 많다. 평지이면서
2~3마일 정도는 교통량의 영향을 받지 않는 매끄러운
도로에서 연습해야 한다. 도로가 질퍽하거나 미끄럽다면
상태가 괜찮아질 때까지 기다리든지 그냥 자전거를 가지고
다시 들어가는 편이 낫다. 거리가 짧더라도 상태가 좋은
도로를 선택해야 한다.

다음으로는 자전거가 당신에게 맞게 조정되었는지
확인해야 한다. 안장은 편안한 위치로 고정해 너무 높지
않아야 하고 핸들은 잡기 편해야 한다. 모든 너트가

제대로 조여졌는지, 안장과 핸들은 단단히 고정됐는지 살펴야 한다. 페달이 부드럽게 돌아가는지도 확인하자.

주행 거리를 미리 정하고 자전거에 올라 그만큼만 주행한 뒤 내려오길 권한다. 자전거를 타면서 주변을 둘러보면 안 된다. 온 정신을 자전거에 집중하고 진행 방향으로 시선을 고정해야 한다. 연습 장소를 잘 골랐다면 신경 쓰지 않아도 괜찮지만, 홈이나 바큇자국이 있는 곳은 피해야 한다. 예상치 못하게 움푹 파이거나 솟아오른 부분을 맞닥뜨렸다면, 핸들을 꽉 잡고 페달을 단단히 밟는 동시에 안장에서 살짝 몸을 들어 올려라.

페달은 제어력이 집중된 가장 중요한 부분이다. 자전거에 핸드브레이크가 장착되어 있다면, 이 브레이크의 작동 원리와 사용법을 파악하고 있는 것이 좋다. 로스트 페달lost pedal의 경우 브레이크 조작만으로도 어느 정도 자신감을 얻을 수 있기 때문이다. 로스트 페달이란 실제로 페달이 없다는 게 아니라 페달의 발판 부분에서 발이 떨어져 일시적으로 자전거를 제어할 수 없는 상황을 말한다.

호흡이 가빠지면 안정될 때까지 기다려야 한다. 반드시 자전거에서 내려 몇 분간 휴식을 취하라. 그사이 주위를 둘러보며 주행할 도로의 상태를 확인하고, 앞으로

자전거를 세우는 올바른 방법

몇백 미터나 더 선회할지 계획을 세우면 좋다. 목표 지점을
정해 그곳까지 달린 후 자전거에서 내려 휴식을 취하는
식으로 진행한다. 휴식 중에는 몸이 너무 차가워지지
않도록 주의하고, 정상적인 호흡을 되찾을 때까지만 쉬자.

처음에는 가능한 한 매일 30분씩 연습하는 것만으로
충분하다. 체력이 좀 더 강해지고 이 활동에 익숙해지면
연습 시간을 1시간 또는 1시간 30분으로 늘려도 된다.
아니면 하루에 두 번 아침과 오후 또는 오후와 저녁 시간에
연습해도 좋다. 연습 이후에 피로를 느꼈다면 완전히
회복할 때까지 연습을 재개해서는 안 된다. 하루, 이틀
혹은 사흘을 기다려야 한다 해도 말이다. 숙련된 탑승자는
의식적으로 노력하지 않아도 자전거를 통제하며 주위
환경에 관심을 돌릴 수 있어 쉽게 지치지 않지만, 초보자는
자전거에 온 감각을 집중해야 하기에 자전거를 탈 수 있는
컨디션을 갖추는 것이 중요하다.

주변에 장애물이 있는 곳에서는 자전거를 타지
말고, 자전거를 탈 때는 가능한 넓은 공간을 확보해야
한다. 숙련된 탑승자는 사람이 걸어갈 수 있는 곳이라면
어디에서든 자전거를 탈 수 있지만, 초보자는 쉽지 않다.

눈으로 거리를 가늠하는 데 익숙하지 않다면
처음에는 핸들을 조종하기가 어려울 것이다. 항상 전방을

주시하며 어떻게 할지 빨리 결정해서 실행해야 한다.
페달을 부지런히 밟아 빠르게 돌리되 서둘러서는 안 된다.
얼마나 빨리 갈 수 있는지 알아보려고 하지 마라. 아직은
그런 실험을 할 때가 아니다. 시간이 지나면 자연스레
스스로의 속도를 시험할 기회가 올 것이다. 자전거가
계속해서 부드럽게 달리며 어느 정도 스스로 움직이는
게 느껴질 만큼 페달을 빠르게 밟아야 한다. 바퀴가 빨리
회전할 때 조종하기가 더 수월하다.

자전거의 균형을 잡는 법은 가능한 한 빨리 익혀라.
자전거는 여러 이유로 흔들릴 수 있기에 안정감을
유지하는 것이 매우 중요하다. 한순간 방향감각을 잃으면
자전거가 흔들리며 넘어질 수 있다. 연습을 하다 보면
자신감이 붙고 자전거의 흔들림도 줄어들 것이다.

자전거를 수월하고 편하게 타는 데는 바람의 영향이
큰데, 그보다 훨씬 더 큰 영향을 미치는 것이 경사도다.
보행자는 거의 인지하지 못하는 아주 미세한 오르막도
자전거를 탄 사람은 거슬릴 정도로 잘 느낀다. 이런 경우
페달이 내려갈 때에 맞춰 적절한 타이밍에 적절한 지점에서
힘을 주어 밟으면 잘 나아갈 수 있다. 물론 탑승자의
체중과 힘에 따라 내리밟는 지점과 타이밍을 조절해야
한다. 경사로에서 올바른 타이밍에 페달을 밟으면 훨씬

자전거를 어깨에 얹고 나르기

수월하게 올라갈 수 있으며, 페달을 밟을 때 힘이 든다면
타이밍이 틀렸다는 의미일 수 있다.

언덕 오르기와 경사로 주행에는 많은 고민과 연습이
필요하다. 그러나 언덕을 마주했다고 낙담할 필요는
없다. 도전할 때마다 조금씩 나아진다. 편하게 달릴 수
있는 지점까지는 자전거를 타고 가되 그 이후에는 내려서
걸어가도 괜찮다. 숙련자가 아니라면 절대 자전거로
오르막길에서 출발하려 하지 마라. 이는 정말 힘들고
지치는 일이다.

천천히 안정적으로 페달을 밟으며 부드럽게 출발하고
정지하는 법을 익히도록 하자. 이런 기술은 틈날 때마다
연습하고, 충분히 연습하면 몸에 익을 것이다. 기술을
익히는 동안에도 적당한 거리를 주행하는 연습을
계속하는 것이 좋다.

자전거 여행을 가기 전에는 절대 과식해선 안 된다.
가능하면 식사하고 나서 적어도 1시간 후에 출발하자.
보통 한두 번 정도 여행을 하면, 점차 10, 20, 30마일까지
주행할 수 있게 된다. 자전거에 올라 출발하고 멈추고
내리기를 반복하는 것이 쉬지 않고 주행하는 것보다 훨씬
피곤하므로, 가능하면 페달을 천천히 밟더라도 계속
달리는 편이 더 낫다. 체력을 아끼는 한 가지 방법이기도

자전거 들어 올리기

하다.

　타이어 또한 세심하게 살펴야 한다. 타이어에는 항상 공기가 적절히 차 있어야 하고, 수동 펌프를 자전거에 싣고 다녀야 한다. 제대로 바람을 넣지 않은 타이어를 사용하면 언제나 문제가 된다. 유릿조각이나 못 같은 것을 피하고, 자전거를 철조망에 기대어 세워 두지 마라.

　덧붙여 관찰하고 기록하는 습관을 가지면 좋다. 자전거의 여러 부분을 살펴보고 어떻게 조립되어 있는지 파악하자. 이 공부에 굳이 이름을 붙이자면 '기계적 지리학'이라 할 수 있겠는데, 각 너트와 나사못의 역할이나 타이어 밸브의 구조와 펌프 커플링의 적절한 사용법 등을 인지하면 자전거 타는 데 분명 도움이 될 것이다.

　많이 좌절할수록 새로운 희망을 가질 기회도 커진다. 자전거 타기는 순전히 기계적 기술의 습득이며, 처음에는 너무 복잡해서 암담하게 느껴질 수 있지만 충분히 연습하면 결국엔 숙달하게 된다. ◉

자전거에 올라타고 내리기

6장

자전거를 타고자 하는 사람은 움직임이 편안하면 그게 곧
올바른 움직임이며, 제아무리 교육적 효과가 있을지라도
운동하면서 굳이 멍이 들거나 혹이 나거나 발목을 접지를
필요는 없다는 사실을 일찌감치 깨달아야 한다. 한번에
모든 것을 익힐 수 있다면 좋겠지만, 그보다 중요한 건
정확하고 안전하게 배워야 한다는 점이다.

자전거는 여러 요소가 절묘하게 맞물려 작동하는
경이로운 구조물이며, 탑승자는 자전거의 움직임에
맞춰 몸을 움직여야 한다. 움직임을 더 정확히 맞출수록
추진력을 내기가 쉬워지기 때문이다. 발과 다리를
지렛대처럼 생각하고 최적의 결과를 낼 수 있는 선과
각도를 연구해 실제 주행에 적용할 수 있어야 한다.
과도하게 긴장하지 마라. 자전거에 올라탈 때 자전거를
얼마나 기울여야 하는지, 발을 어디에 둬야 하는지,
핸들의 위치를 고려해 어디에 서야 하는지, 자전거 위에서
무게를 어디에 실어야 하는지 정확히 익히자. 이런 사항을
이해하면 올바른 탑승 동작이 완성된다. 하지 말아야 할
것을 유념하고 해야 할 것을 할 것. 그럼 자전거 타기를
쉽게 익힐 수 있다.

자전거는 아주 정교하게 균형이 잡혀 있기 때문에
올바른 방법으로 한번 균형을 잡기만 하면 쉽게 세울 수

있다. 한 손으로 안장 뒤쪽을 단단히 잡고 다른 손으로
핸들을 잡으면 자전거는 당신의 통제하에 들어온다.
안장에 앉아 핸들을 단단히 잡으면 탑승자는 자전거의
일부가 되는 셈이고, 몸을 움직이지 않으면 자전거를
제어하는 균형의 법칙이 탑승자에게도 똑같이 적용된다.
자전거의 방향을 잡고 제어하는 데에는 손으로 당기는
힘의 균형과 배분이 아주 중요하다.

안장에 사람을 앉힌 상태에서 자전거를 잡고 앞뒤로
몇 인치[6]씩만 움직여 보면, 자전거와 탑승자를
합한 무게의 관성을 극복하는 데 별로 큰 힘이
들지 않는다는 사실을 바로 깨닫는다. 자전거는 옆으로
넘어지려는 성질이 있지만, 타이어에 하중이 가해지면
균형 잡기가 쉬워진다. 자전거를 몸에서 멀리 잡기보다
약간 가까이 당겨 잡아야 더 수월하고 피로도 덜하다.
또 자전거가 몸 쪽으로 기울어지면 그 무게를 어깨로
지탱할 수도 있다. 탑승자가 똑바로 앉아서 자전거와
같은 방향으로 몸을 기울이면 자전거가 쉽게 서지만,
반대 방향으로 무게를 실으면 자전거의 넘어지려는 성질이
커지면서 결국 넘어진다.

안장에 앉을 때는 자세를 다시 바로잡을 필요가
없도록 단번에 빠르게 올라타는 것이 매우 중요하다.

자전거를 끌고 가는 것도 자전거 타기를 익히는 데 도움이 된다

치마를 입었다면 페달에 무게를 싣기 전에 매무새를 정리하고, 페달이 가장 낮은 위치에 있을 때는 무릎을 살짝 굽혀야 한다. 안장은 적절한 높이로 맞추고, 핸들은 탑승자가 허리를 펴고 앉았을 때 살짝 높은 정도로 맞춰 손이 자연스럽게 핸들에 놓일 수 있어야 한다. 자전거 왼편으로 가서 그쪽 페달이 3분의 2 지점까지 올라간 것을 확인한 뒤 페달을 밟고 안장에 앉으면 된다.

이제 탑승자가 할 일은 올라타서 핸들을 단단히 쥐는 것이다. 자전거가 당신의 통제에서 벗어나면 안 된다. 초보자는 부상을 당하지 않으려면 자전거에서 잘 내리는 법, 나아가 잘 넘어지는 법을 알아야 한다. 자전거에서 내릴 때는 아래로 내려온 페달에 올린 발에 무게를 싣고 다른 발로 땅을 디디면 된다.

다음으로는 정지하는 법을 배워야 한다. 탑승자는 어떤 페달이 아래에 있는지 인지한 뒤 이 페달이 올라오려고 할 때 모든 체중을 실어 페달을 밟는다. 그러면 자전거가 멈출 테고, 다른 쪽 발을 반대편으로 넘겨 땅을 디디며 자연스럽게 내리면 된다. 자전거를 멈추게 한 발은 페달에서 바로 떼지 말고 자전거를 충분히 제어할 수 있을 때까지 페달에 그대로 올려 둔다.

처음 연습하는 초보자는 매우 조마조마하고

하차 준비하기

불안해할 것이다. 자전거의 예민한 움직임에 때때로 당황하기 때문이다. 생각해 보면 자전거 타기만큼 바짝 긴장해서 신경을 곤두세워야 하는 운동도 없다. 하지만 몇 번 연습하고 나면 금세 두려움을 극복한다.

다음으로 배워야 할 것은 페달을 돌려 균형을 잡는 법인데, 이는 너무 일찍 연습하지는 않기를 권한다. 어느 정도 속도를 낼 수 있어서 자연스럽게 균형 잡는 법을 터득했을 즈음 시도하는 것이 좋다. 보통 핸들 바를 좌우로 흔들며 균형 잡기를 권하지만 페달로도 균형을 잡을 수 있다. 자전거는 페달만으로도 움직이고, 균형을 잡고, 제어할 수 있으니까.

정확하고 안전하게 자전거에 올라타고 내리는 방법을 익혀 보자. 이게 가능하다면 더 멀리 주행하지 못할 것도 없다. 계속 연습하면 실수가 줄어들 것이다.◉

자전거에서 내리기

기억해야 할 몇 가지

7장

일반 대중은 자전거를 개인적 필요에 맞게 활용할 수 있다. 간단히 운동을 할 수 있게 되고, 이동 거리를 줄이고, 기차 여행에서 보기 어려웠던 풍경을 다시 되찾는 것 등. 자전거 여행은 보통 잘 포장된 도로를 따라 이루어지니 여행 중에 전화와 전보, 우체국, 운송사도 쉽게 이용할 수 있다. 자전거 여행이 주는 자유를 최대한 만끽하기 위해 짐을 최대한 줄이되 필수품은 반드시 챙기기를 권한다.

여섯 명 혹은 열두 명이 함께 일정 거리를 자전거로 여행할 때 맞닥뜨릴 수 있는 문제가 뭘까? 일행 모두가 잘 훈련받은 상당한 실력자라면 자전거를 타는 동안 자연스레 소통하며 친해질 수 있다. 다만 도로에서는 주행과 신호에 철저히 주의를 기울여야 한다. 대화가 금지된 건 아니지만, 대화를 하고 싶다면 반드시 주행하는 도로의 상태를 고려해야 한다.

어떻게 대열을 유지하며 함께 주행할 것인가는 골치 아픈 문제다. 이를 원만히 해결하려면 사람과 자전거 간의 아주 정교한 조정이 필요하다. 모두가 길을 안다고 가정했을 때 가장 좋은 방법은 중간중간 휴식하며 독립적으로 주행하다가 30분이나 45분마다 한 번씩 함께 모이는 것이다. 중간 휴식 때 꼭 자전거에서 내릴 필요는 없다. 선두 주자가 가장 마지막 사람이 신호를 보내

보고할 때까지 속도를 늦췄다가, 다음 주행이 시작될 때 다시 속도를 올리면 된다. 또 다른 방법은 각 주행 사이의 시간 간격을 정해 놓는 것이다. 그러면 마지막 주자도 언제나 부르면 들을 수 있는 거리에 있게 된다.

좋은 리더는 절대적인 신뢰를 받을 자격이 있다. 리더에게 주어진 책임은 주행만이 아니다. 다른 이들이 편하고 편리하게 주행할 수 있는 방법을 현명하게 파악하고, 팀원 각각을 고려해서 더 나은 결정을 내려야 한다. 즉, 리더는 완벽한 자전거 선수여야 할 뿐만 아니라 현명한 판단력도 있어야 하는 것이다.

경사로 주행의 경우 고민해 볼 만한 것과 피해야 할 것이 있다. 만약 가능할 것 같으면 일단 도전하되 힘들다고 느껴지는 순간 바로 자전거에서 내려야 한다. 너무 오래 고민하며 끄는 것보다 빨리 포기하는 편이 낫다.

경사로가 길고 가파르다면 오르막이든 내리막이든 가파른 구간에서는 언제나 자전거를 끌고 걷는 것이 좋다. 완만한 구간은 여러모로 즐겁고, 잘 아는 길이라면 오르내리기도 쉬우며 다칠 일도 거의 없다. 각자가 언덕 주행에 어떻게 적응하는지 지켜보는 것은 흥미로운 일이다. 여럿이 함께 자전거를 타고 언덕을 오르면 거의 대부분 흩어지게 된다.

언제 어디에 힘을 줘서 페달을 밟아야 하는지는
자전거마다 다르기 때문에 탑승자는 연습과 경험을 통해
이를 터득해야 한다. 분명히 완만해 보였던 긴 내리막도
갑자기 경사가 급해져 때로는 위험할 수 있고, 겉으로는
쉬워 보이는 길이 인지하지 못한 순간에 오르막이 되어
이동이 어려워질 수 있다. 적재적소에 페달을 밟지 않으면
힘을 너무 많이 쓰게 되어 아무리 열정 넘치는 탑승자라
해도 곧 지치고 만다.

1시간 이상 소요되는 여행을 할 때는 제대로
준비하지 않으면 여행이 지연되고 지식이 없으면 여행이
불편해진다는 사실을 명심해야 한다. 일찍 출발하는
일정이라면 자전거를 세심하게 살펴보고 랜턴이 제대로
작동하는지, 성냥은 손 닿는 곳에 있는지, 공구와 수리
용품은 제자리에 있는지, 반짇고리와 구급 용품 키트가
준비됐는지 확인해야 한다.

나와 함께 자전거를 타는 친구들은 오후에 잠깐
자전거를 타러 나갈 때도 랜턴을 챙기는 나를 종종
놀리곤 했다. 친구들은 스스로 만족할 만큼 자전거를 잘
탔기 때문이다. 하지만 그럴 때마다 내 랜턴으로 뒤늦게
따라오는 자전거들을 비추며 도와준 적이 한두 번이
아니었다. 랜턴은 해질녘, 아니 그보다 이른 시간에도 다른

사람들이 당신을 보고 피할 수 있게 도와주는 유용한
물건이다. 흔들리는 불빛이 불편할 수야 있겠지만 그를
상쇄하는 장점이 훨씬 크다.

여행할 지역과 도로 상태를 미리 조사하고, 지도를
이해하고, 경로와 전체적인 방향 등을 파악하라. 이동
중에는 항상 지나가는 길을 주의 깊게 관찰하고, 작은
수첩을 가지고 다니며 흥미로운 점을 기록하자. 포켓
나침반을 사용해 전반적인 진행 방향을 확인하는 것도
좋다. 이는 밤에 길이 막혔을 때 유용하게 쓰일 수 있다.

안개가 자욱하고 비가 오거나 달이 없는 밤에는
당황해서 익숙한 길도 낯설고 이상하게 느껴진다.
운전자나 말을 타는 사람과 달리 자전거 이용자는 어둠
속에서 오직 자신만을 믿어야 한다. 하지만 어둠 속에서
자전거를 타는 것에도 장점은 있다. 길을 곧게 주행하고,
상태가 안 좋은 길을 피하려고 갑자기 방향을 틀지 않기
때문이다. 물론 어느 정도의 위험은 필연적으로 따른다.
그러니 가까이 붙어서 타지 말고 충돌하지 않도록 항상
주의를 기울여야 한다. ◉

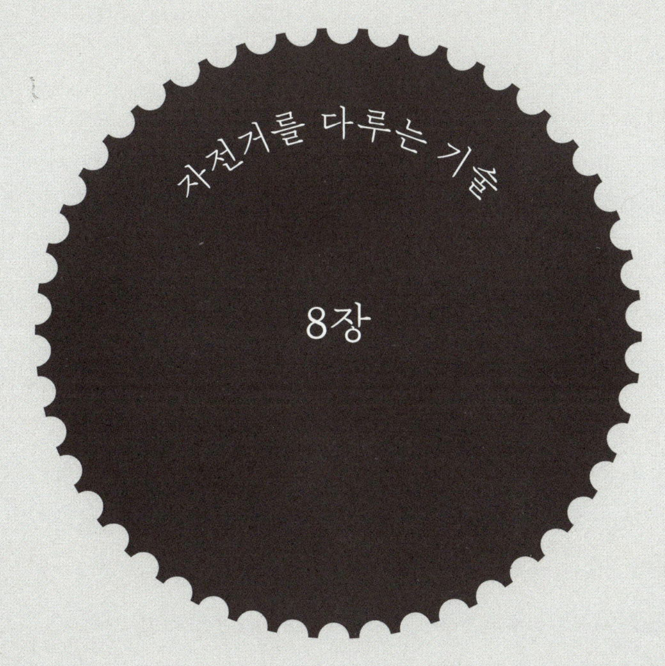
자전거를 다루는 기술

8장

자전거를 제어하는 아주 중요한 세 가지 방법은 손으로
방향 조정하기, 발로 페달에 압력 가하기, 몸을 움직여
방향 잡기다. 이 방법들은 각각 또는 함께 사용된다.

자전거는 페달을 밟을 때나 내리막에서 단순히
중력이 작용할 때 움직인다. 초보자에게 핸들을 잡는
손의 역할은 두 가지인데, 하나는 방향 전환이고 다른
하나는 페달에 가해지는 지나친 압력을 조절하는 것이다.
과도한 압력을 받는 페달 반대쪽 손으로 핸들을 더 강하게
당겨 자전거가 쏠리는 걸 막을 수 있다. 이는 매우 좋은
방법이지만 불필요하게 힘을 소모하기 때문에 계속하면
평지라도 오르막만큼이나 힘들어진다. 페달에 두 발을
올리면 자연스럽게 두 발에 똑같이 힘을 주며 양쪽 핸들을
동시에 당기게 된다. 두 페달이 하나의 차축에 연결되어
있고 이 차축은 페달에 의해 돌아가기 때문에 한 페달이
내려가면 다른 페달은 올라가게 된다. 두 페달은 언제나
서로 반대 방향에 위치하며 원을 그리기 때문에 한쪽은 늘
위로 올라가려 하는데, 여기에 아주 작은 압력만 가해도
이 올라가려는 경향이 저항을 받는다. 따라서 올라가는
페달에서 발을 떼면 페달을 쉽게 돌릴 수 있다. 하지만 이
원리를 깨닫기란 쉽지 않다. 올라오는 페달에 어떤 압력도
가하지 않으면 내려가는 페달을 힘들여 밟지 않아도 된다.

경사가 없다는 가정하에서는 자전거와 탑승자의 무게나
관성이나 표면 마찰력을 이길 힘만 있어도 충분하다.
하지만 실제로 경사로가 많기에 자전거 타기는 탑승자의
근육을 키우고 폐활량을 증가시키는 등 무한한 다양성을
지닌 스포츠가 된다.

갑작스러운 상황에 대비해 핸들은 항상 꼭 쥐고
있어야 한다. 자전거를 통제하고 싶을 때는 핸들을 강하게
쥐고 정확히 필요한 만큼만 당겨야 한다. 팔이 뻣뻣하게
굳은 채로 핸들을 당기면 자전거를 섬세하게 제어할 수
없기 때문이다. 핸들 바의 손잡이는 지렛대의 양 끝과
같다. 손이 핸들 바의 중앙으로 올수록 반대 손에 힘을
덜 들이고 균형을 맞출 수 있다. 핸들을 너무 세게 당기는
느낌이 들면 손을 서서히 바의 중앙으로 옮겨 보자. 그러면
당기는 힘이 줄어들 것이다.

앞바퀴가 부드럽게 나아가려면 안정적으로 달려야
한다. 자전거가 덜 흔들릴수록 더 안정적으로 자전거를 탈
수 있다.

최대한 체중을 실어 자전거를 움직이고, 밟는 힘은
힘든 경사로 주행을 위해 남겨 두자. 무릎은 안쪽으로
모은 상태를 유지해야 한다. 그러면 발의 위치가 바르게
유지되어 발목을 세게 부딪칠 위험이 없어진다. 무릎이

바깥으로 벌어지면 발목뼈가 안쪽으로 돌아가 결국 멍이 들 수밖에 없다. 따라서 발목이 방해되지 않도록 무릎을 안쪽으로 모으고 다리를 곧게 유지한 자세로 자전거를 타야 한다.

내리막길에서 자전거를 제어하려면 올라가는 페달에 압력을 가해야 한다. 발꿈치를 내리거나 발끝을 위로 향하게 하면 압력이 고르게 유지된다. 페달을 끌어올릴 때는 발꿈치를 곧게 유지하고 다리도 최대한 곧게 펴야 자전거를 제어할 수 있는 정확한 지점에 체중이 실린다. 가능한 한 체중을 언제나 보조 추진 동력으로 사용해야

올바른 발의 위치



8장

한다.

　안장 위에서 몸을 움직이는 방식을 통해서도
자전거를 제어할 수 있다. 자전거를 끌고 걷다 보면 안장만
잡고도 자전거 방향을 조절할 수 있다는 사실을 금방
깨닫는다. 탑승자가 다리로 안장을 누르면 그 압력이
안장을 통해 전달되어 자전거가 좌우로 흔들리며 방향을
잡는 원리다. 어깨는 거의 움직이지 않고, 몸통은 유연하게
움직이지만 눈에 띄게 흔들리지는 않는다.

　자전거를 출발시킬 때는 핸들 바를 잡고 균형을
맞추며 얼마나 기울여야 하는지 파악하자. 그다음
자전거를 잘 잡고 부드럽게 안정적으로 올라타서
차분하게 앞으로 나아가며 자전거의 주행 상태를 살핀다.
속도를 점차 높이면서 갑자기 무리하지 않고 페달을
수월하게 밟을 수 있도록 몸을 살짝 앞으로 숙여라.
그러고 나서 페달 회전을 늘려 원하는 속도까지 올라가면
그때부터는 자전거가 알아서 나아갈 것이다. 속도를 더
높여도 되고, 줄였다가 원할 때 다시 올리는 것도 좋은
연습이 된다.

　훌륭한 리더와 함께하는 8자 주행[7]은
안정성을 확보하고 자전거 제어력을 높일
수 있는 유용한 연습 방법이다. 빠른 속도로



7 자전거로 원이나
곡선 같은 도형을
그리며 균형과 조향을
연습하는 주행 방식.

**발이 자연스레 페달을 따라가면 좋다**

달리다 갑자기 정지하기는 쉽지 않기 때문에 이런 경우에
대비해 자신의 제동 거리를 알아 두는 것이 좋다. 또한
위험한 상황에서 자전거를 멈추며 즉시 안장에서 내려오는
일도 생각만큼 간단하지 않다. 놀라서 반사적으로
행동하더라도 마찬가지다. 이런 경우에는 페달을 세게
뒤로 밟고 핸들 바를 꽉 잡아 아래로 누르며 자전거를
고정한 뒤 땅에 발을 디뎌야 한다. 이때 페달이 방해가
되지는 않으며, 부상을 피하려면 자전거를 끝까지 놓지
말아야 한다. 때로는 뛰어내리면서 자전거를 붙잡아

세우는 것이 충돌을 막아 주기도 한다.

자신의 실력을 아무리 믿는다 해도, 자전거를 다른 사람에게 덤벼들듯 몰아서는 안 된다. 설령 고의가 아니더라도 마찬가지다. 불필요하게 과시하듯 자전거를 타는 경우가 많은데, 주행 중인 차량 사이를 질주하거나 마차 뒤에서 천천히 달리며 넓은 공간이 생기기를 기다리는 대신 좁은 틈으로 돌진하는 행위가 그중 하나다. 어떤 사람들은 안전보다 위험한 상황이 주는 자극이나 흥분을 더 좋아해서 이런 위험천만한 묘기를 한다.

방향 조정은 진지하게 숙고해야 할 주제다. 이를 위해선 예리한 눈, 빠른 판단력, 지속적인 주의, 떨리지 않는 손이 필요하다. 경사로를 안전하게 내려가기 위해서는 방향 조정에 대한 지식이 필수다. 올라온 언덕을 수월하게 내려가는 건 자전거 타기의 많은 즐거움 중 하나이므로, 이를 즐기기 위해서는 일정 수준의 안정성을 확보해야 한다. 이때 브레이크가 중요한 보조 수단이 된다. 발로 제동 거는 법을 배워라. 하지만 꼭 필요할 때가 아니면 이 방법에 의지하지 말자.

페달의 축은 원을 그리며 회전하고, 페달의 발판은 항상 축과 평행을 유지하지만 그 축을 중심으로 돌아가며 발이 가장 효율적인 각도를 취할 수 있도록 해 준다. 그

덕분에 발목이 일정 범위 내에서 움직일 수 있다. 발과
발목은 가해지는 무게와 힘에 맞춰 움직이며 효율성을
높이는데, 이것이 바로 흔히 말하는 '발목 동작'이다.
발목을 활용하면 페달이 원을 그리며 움직이는 동안 어느
구간에서든 또는 전 구간에 걸쳐 힘을 전달할 수 있다.

힘을 적절하게 가할수록 페달링이 쉬워진다. 훌륭한
페달링의 목표는 크랭크가 데드 센터를 지나가도록 정확한
힘으로 페달을 누르고, 데드 센터의 가장 낮은 지점을
지나가도록 페달을 당기면서 정확하게 따라가는 것이다.
페달을 내리밟는 동작은 본능적으로 이루어지지만,
올라오는 페달에 무게를 싣지 않는 것은 연습을 통해서만
익힐 수 있다. 처음에는 정신을 집중해야만 할 수 있는
동작 같지만, 근육이 이 동작에 충분히 익숙해지면
자연스럽게 이루어진다. 데드 센터를 지난 후에 무게를
실어야 페달 스트로크가 제대로 힘을 받는다.

올라오는 페달에는 체중을 전혀 싣지 말고, 대신 몸의
균형과 흔들림을 이용해 체중을 좌우로 옮김으로써 핸들
바에 힘이 가해지지 않도록 해야 한다. 만약 내려가는
페달에만 힘을 쓰면 핸들 바를 더 세게 잡아당겨 부족한
힘을 보완해야 하는데, 경사가 가파를수록 그 당기는 힘이
더욱 커진다. 숙련된 탑승자는 핸들을 거의 당기지 않고

오르막을 오른다.

　평지를 달릴 때 올라오는 페달에 놓인 발은 페달에 밀려 올라가면서 들어 올려져 휴식을 취하게 된다. 다리에서 미는 근육이 들어 올리는 근육보다 더 강해야 할 이유는 없다. 다만 미는 근육을 더 많이 사용해 왔기 때문에 그렇게 느낄 뿐이다.

## 발목 동작의 올바른 사용과 윤리

만약 자전거를 타는 이유가 주어진 시간 안에 당신이
주행할 수 있는 거리를 알기 위해서라면, 또 당신이
어떻게 보이는지, 당신의 주행이 다른 사람들에게 어떤
영향을 미치는지, 자전거를 타지 않는 대중이 보통 어떤
생각을 하는지 신경 쓰지 않으며 자전거 안장은 볼품없고
딱딱해서 앉으면 아픈 데다가 코를 땅에 박은 채 자전거를
타는 게 더 편하다고 생각한다면, 당신은 이런 자세로
자전거를 탈 것이다.

반대로 당신이 건강과 편안함과 행복을 위해 자전거를 타고, 타고난 본능으로 아름다움을 즐길 줄 알고, 자전거를 타지 않는 친구들의 생각을 신경 쓰며 우아함을 잃지 않고 신사답게 자전거를 타는 모습을 보여주고 싶어 한다면, 당신은 당연히 이런 자세로 자전거를 탈 것이다.

당신이 어느 정도 주행에 자신감이 생겨 발바닥의 오목한 부분으로 페달을 밟는 게 불편하게 느껴지면, 좀 더 숙련자답게 페달링의 원리를 연구하고 싶어질 것이다.

그때 다음의 내용이 흥미롭게 다가올 것이다.

말을 탈 때는 '무릎 동작'을 권장하지만, 자전거를
탈 때는 그리 바람직하지 않다. 발목이 제 역할을 한다면
무릎을 필요 이상으로 움직이지 않아도 된다. 발목 동작은
우아하지만 무릎 동작은 그렇지 않다.

다음 그림에 나타난 것처럼 페달이 가장 낮은 지점에
있을 때 발볼이 편안하게 페달에 닿을 수 있도록 안장을
조정해야 한다. 안장이 너무 낮아 페달을 돌릴 때 다리가
완전히 펴지지 않으면 무릎에 금방 피로가 쌓인다. 페달이
올라갈 때는 발목 관절을 부드럽게 구부려야 한다. 그래야
페달을 다시 아래로 누를 때 발이 이런 자세를 취할 수

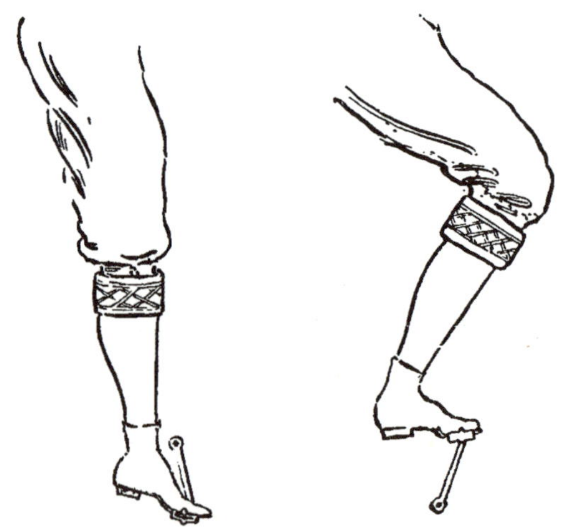

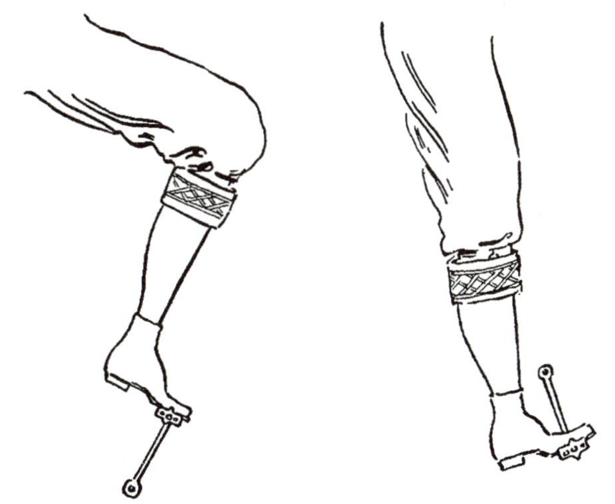

있다.

　그러면 무릎이 거의 올라가지 않는다. 대신 발목을
뻣뻣하게 펴고 있으면 페달을 돌릴 때마다 그림처럼
무릎이 지나치게 높이 올라간다.

　자전거 타기에서는 '움직임의 외형적 아름다움'
역시 중요한 요소이며, 올바른 무릎 동작은 모든 자전거
이용자가 반드시 고려해야 할 사항이다.

　만약 안장이 너무 낮아 무릎을 곧게 폈을 때
발뒤꿈치가 이와 같이 페달 아래로 내려가면, 무릎은
페달의 최고점에서 훨씬 더 크게 움직일 수밖에 없다.

상부 관절이 이런 식으로 과도하게 움직이면 보기에 매우 흉하며, 특히 페달을 돌릴 때마다 치마가 함께 올라가는데, 이때 치마가 바람에 펄럭이기까지 하면 민망해질 수 있다.

특히 여성 탑승자는 가능한 한 발목 관절을 사용하려고 노력해야 한다. 최소한 걸을 때 사용하는 만큼이라도 말이다. 그리고 무엇보다도 안장을 충분히 올려 높이를 정확하게 맞추는 것이 중요하다.◉

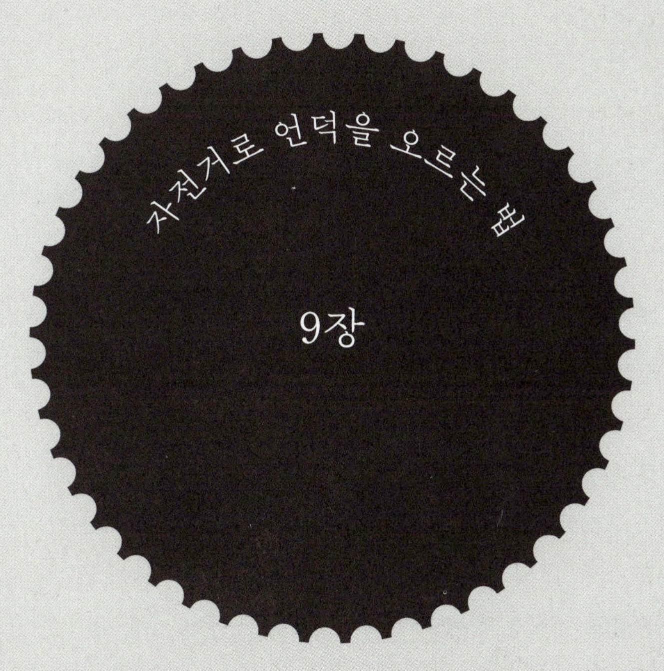

자전거로 언덕을 오르는 법
9장

언제나 언덕 오르기에 도전하되, 처음부터 정상이 얼마나
멀리 있는지 확인하지 마라. 필요 이상으로 표면 상태에
신경 쓰지도 마라. 오직 페달과 페달을 가장 효율적으로
밟는 방법 또는 핸들 바를 당기는 방법에만 온 정신을
집중하자. 필요한 경우 몸을 앞으로 약간 숙이고, 페달은
더 빨리 돌리려 하지 마라. 오르막에서 힘이 비례해
증가하지 않으면 페달 회전수는 당연히 줄어든다. 정신적
능력을 활용해 지능적으로 혹은 단련된 근육을 사용해
본능적으로 움직여야 효율적으로 힘을 가할 수 있다.

쉽게 오를 수 있는 언덕이 아니라면 아예 오르지
않기를 권하나, 페달링만 제대로 하면 오르막은 걷기보다
자전거로 오르는 게 더 쉽다. 하지만 버거워지면 즉시
멈춰야 한다. 경사를 보고 오르기엔 너무 가파르다고 지레
겁먹지 않는 것이 성공적인 언덕 오르기의 첫걸음이다.

오르막 주행에선 안장이 몸의 무게를 제대로 받쳐
줘야 한다. 안장에서 미끄러지지 않으려고 핸들 바를 꽉
붙잡고 버티는 상황이 생겨선 안 된다. 대신 힘을 밀어낼
다른 받침점이 있어야 한다. 지렛대에서 최대한 힘을
끌어내려면 지렛대가 버티기에 충분한 받침점이 필요한데,
오르막 주행에서는 안장이 그 역할을 확실히 해 주어야
한다.

자전거에 올라탈 준비 자세

자전거에 오르는 잘못된 자세

안장 뒤쪽이 몸을 받쳐 주지 못하면 힘의 중심은 자연스럽게 핸들 바로 옮겨 간다. 하지만 핸들 바는 페달을 밟을 때 힘이 거의 실리지 않아야 하는 부분이다. 경사면에서 이런 각도로 놓인 안장은 지렛대의 받침점으로 거의 쓸모가 없다. 안장이 체중을 지탱해 주지 못하면 지렛대와 받침점을 손으로 고정하는 수밖에 없다. 이 힘의 원리를 제대로 이해하면 오르막 주행에서 흔히 겪는 어려움을 상당 부분 극복할 수 있다. 생각해 보면, 자전거를 타고 언덕을 오르는 게 내려서 자전거를 밀며 걷는 것보다 더 힘들 이유는 없다.

먼저 핸들에 의지하지 않고 자전거에 앉아 있을 수 있어야 한다. 다음으로는 힘을 올바르게 적용하는 법을 이해해야 한다. 그러고 나서 모든 중요한 요소를 염두에 두고 실제로 움직여야 한다. 오르막을 오를 때는 입을 다물어라. 아니면 차라리 내려서 걷는 편이 낫다. 천천히 나아가고, 힘을 집중해 최대한 효율적으로 사용하라.

크랭크가 두 데드 센터를 통과하려면 일정한 힘이 필요하다. 이때 내려가는 페달은 체중을 실어 내리밟고, 다른 쪽 페달은 체중을 들어 올려 올라오게 해야 한다. 몸을 자연스럽게 좌우로 움직여 손에 실리는 부담을 줄이면 자전거가 안정적으로 언덕을 오른다. 자전거가

**자전거에 오르기—준비 자세**

중력의 방해를 받을수록 관성은 더 크게 느껴진다. 그렇기 때문에 오르막을 끝까지 올라야 한다는 생각으로 억지로 버티거나 힘을 쥐어짜서는 안 된다. 오르막은 무리 없이 오를 수 있을 때에만 자전거를 타고 올라가야 한다.

언덕 주행에 대해 일반적으로 "언덕을 신경 쓰지 말고 그냥 달려라"고 조언한다. 어느 정도는 이 조언이 도움이 되지만 실제로 경사를 오를 때는 별 도움이 되지 않는다.

**자전거에 오르는 올바른 자세**



경사에는 각도와 상관없이 두 종류가 있다. 가파른
경사와 완만한 경사. 이는 오르막이나 내리막이나
마찬가지다. 내리막은 그저 오르막을 뒤집은 것이라
생각하면 된다. 오르막에 접근할 때는 항상 그 길의 특징을
유념해야 한다. 긴지 짧은지, 경사도는 얼마나 되는지,
특히 각도가 정상에서 증가하는지 감소하는지 파악해서
주행에 대비해야 한다.

모든 언덕은 각각 고유한 특성이 있으므로 반드시 이를 파악하고 올라야 한다. 중요한 건 정상을 찍는 게 아니라 좋은 컨디션으로 언덕을 올라 쾌적하고 지치지 않은 상태로 정상에 도착하는 것이다. 다른 사람은 나를 앞질러 쉽게 언덕을 오르는데 나는 겨우 중간밖에 못 온 상태에서 숨을 헐떡이며 페달을 밟고, 그렇게 말도 못하고 지친 상태로 정상에 도착해 차분하고 편안하게 앉아 있는 사람을 보는 건 정말 속상한 일이다.

하지만 영리하게 연습했다면 반드시 과학적인 성과를 얻어야 한다. 안장은 페달의 크랭크가 데드 센터를 지나갈 것을 고려해 조정해야 한다. 안장의 각도를

**페달 뒤로 돌리기**

페달을 뒤로 돌릴 땐 체중을 적절히 분배해야 한다

연구하고 조정해 언덕을 오를 때는 받침점 역할을 하고,
평지에서는 균형 잡기를 돕고, 내리막에서는 편안함을
느낄 수 있도록 해야 한다. 안장은 단순히 균형을 잡는
데만 도움이 되어서는 안 되고, 발이 포크 위에 있을 때
체중을 지탱해야 한다. 이렇게 안장을 어떻게 조정할지
연구할 때는 체중, 팔다리의 길이, 근력, 수행할 작업을
모두 고려해야 한다. 언덕을 반쯤 올랐는데 아무리
노력해도 자전거의 속도가 점차 떨어지며 곧 멈출 것 같을
때는 속도가 줄어들면 힘이 증가한다는 법칙을 생각하자.
그러면 마음이 편해질 것이다.

따라서 언덕을 오를 때도 체중을 실어 밟아야 한다.
회전시키는 데 체중을 십분 활용해야 한다. 이때 관건은
페달이 힘을 가장 잘 받을 수 있는 위치에 있어야 한다는
것이다. 이어서 힘껏 페달을 뒤로 밀어 가장 낮은 데드
센터를 쉽게 지나가도록 해야 하는데, 처음 페달의 위치가
잘못되면 이 동작이 효과를 발휘하지 못한다.

과도한 주행으로 숨이 차오를 때 숨을 크게 들이마셔
윗가슴을 팽창시키면 안정된다. 하지만 팔을 뻣뻣하게
버티고 있으면 폐에 공기가 충분히 공급되지 않는다.
추가적인 힘을 내려면 충분한 연소, 즉 원활한 호흡이
필요하다.

자전거에 오르기—두 번째 자세

언덕 주행에서 기계적 원리를 본능적으로 적용할 수 없다면 지능적으로 움직여야 한다. 수월하게 오를 수만 있다면 언덕 오르기는 즐거운 일이다. 분명 만만찮긴 하지만 무리 없이 해낼 수 있다. 반면에 '억지로' 언덕을 오르는 것만큼 해로운 일은 없다. 그러면 심장과 폐에 무리가 갈 수 있는데, 특히 꽉 조이는 벨트를 차거나 허리 부분이 조이는 옷을 입었다면 더욱 위험하다.

언덕이 험하고 노면이 거칠어 보인다고 반드시 오르기가 어려운 건 아니다. 타이어가 너무 빵빵한 상태가 아니라면 고르지 못한 노면이 오히려 도움이 된다. 자전거를 멈추기가 더 쉽고 뒤로 잘 미끄러지지 않으며 부드러운 타이어에 돌과 요철이 끼어 접지력이 높아진다.

언덕 정상에 올랐다면 절대 서두르거나 속도를 높이지 마라. 입을 다물고 편안하게 천천히 자전거를 몰며 다시 출발할 준비가 될 때까지 휴식을 취하자. 괜찮은 내리막이 있다고 바로 달리지 말고, 호흡이 충분히 안정될 때까지 부드럽게 주행하라. 그러고 나서 내리막을 타면 힘겨웠던 주행 후에 얻는 휴식, 빠른 속도감과 원활한 호흡이 주는 상쾌함을 한껏 만끽할 수 있다.

언덕 주행의 목표는 균형 혹은 평형 상태를 유지하는 것이다. 힘을 많이 쓴 직후에 갑자기 동작을 전환해선 안

된다. 힘든 주행 후에는 일정한 속도로 페달을 밟으며
호흡을 회복한 다음 동작을 전환해야 한다. 그래야 근육에
가해지는 부담이 훨씬 적어진다.

　다시 도전할 수 있는 언덕이라면 절대 포기하지 말고
제대로 파악해 끝까지 올라라. 경사도의 변화를 인지하고
적절한 지점에서 힘을 조절할 준비를 한 다음 경사가
단순한지, 길게 이어지는지 아니면 복합적인지 관찰하자.
아주 매끄러운 노면이 오히려 더 힘들다.

　기억에 남는 도로가 하나 있는데, 곳곳에 완만한
경사가 진 겉보기엔 별거 아닌 시골길이었다. 하지만
우리는 하나둘씩 자전거에서 내려 걸어야만 했다. 육중한
텔퍼드[8] 포장재가 깔린 길이었지만, 그중
1.5마일 정도는 가장 숙련된 팀원들조차
숨을 헐떡였다. 우리는 이 경험을 통해 길이
내내 오르막이더라도 때로는 주행을 멈췄다가 다시
출발해야 한다는 사실을 깨달았다. 우리가 타던 자전거가
무겁긴 했지만 그 사실이 우리가 겪은 혼란을 설명해
주진 못했다. 그게 문제였다면 무거운 자전거를 계속해서
타고 가는 편이 오르막에서 멈췄다 다시 주행하는 것보다
쉬워야 하기 때문이다. 이 길을 아주 잘 알았던 우리는
다른 사람들이 처한 상황을 지켜보았다. 자전거가 항상

**8** 19세기에 사용된
도로 포장 방식으로,
큰 돌을 아래에 깔고
그 위를 작은 돌로 다져
포장한다.

줄지어 서 있는 구간이 있었는데, 이때 사람들의 표정은 참 다양했다. 길에 대해 잘 모르는 사람들은 당혹감이 가득한 표정을, 잘 아는 사람들은 씁쓸하게 체념하는 표정을 지었다.

이 길은 경사가 가파르지 않아 겉보기엔 그다지 어려워 보이지 않았다. 하지만 실제로 오르다 보니 기울기가 조금씩 다른 경사면과 커브 길이 계속 나왔다. 또 정상에 가까워질수록 경사가 심해졌다. 노면이 매끄러워 이런 난점을 단번에 알아차리기 힘들었기에 처음에는 쉽고 매력적인 길로 보였지만, 실제로는 마치 가리비 조개의 무늬처럼 굴곡이 가득했다.

이처럼 까다로운 오르막을 극복하기 위해선 적당한 속도로 페달을 밟으며 경사가 가팔라지는 지점을 주의 깊게 살펴야 한다. 페달이 내려가기 시작할 때 혹은 반쯤 올라온 시점에 발뒤꿈치를 내리며 경사 변화에 대응해야 한다. 또한 힘을 더 가해야 한다는 사실을 염두에 두고 어디에 힘을 실을지 판단해 페달을 밟는 동작에 따라 몸의 균형을 맞추면 효과적으로 주행할 수 있다.◉

바퀴 위쪽을 지나 내리기

자전거 타기 편한 옷
10장

자전거용 복장 선택은 위생 측면에서 매우 중요한 문제다. 옷이 체중을 고르게 분산할 수 있는지, 심지어 소재의 두께는 어떠한지까지 고려해 아주 신중하게 선택해야 한다. 전체적으로 몸을 조이지 않고 어디에도 딱 붙는 밴드가 없어야 한다. 즉, 움직임이 완전히 자유로운 복장이어야 한다. 또한 열이 빠져나가지 않아 추위를 견딜 수 있으면서도 땀이 잘 마르도록 통풍이 잘되어야 한다.

자전거는 모든 계절에 탈 수 있다. 따라서 탑승자는 복장을 다양하게 선택할 수 있다. 필수로 갖춰야 할 것은 니커보커스 바지, 블라우스, 스타킹, 신발, 각반, 스웨터, 코트, 모자, 장갑이며, 치마는 피하는 게 좋지만 입는다면 본인 취향에 맞게 길이를 정하면 된다. 옷의 칼라와 소맷동은 리넨, 셀룰로이드, 실크 또는 상하의와 같은 소재로 만들면 좋다. 중요한 것은 가능한 한 부드러운 소재의 옷을 입는 것이다. 목도리를 착용한다면 실크가 아닌 캐시미어 소재를 권한다.

니커보커스 바지는 아주 신중하게 재단해야 한다. 엉덩이 윗부분은 몸의 곡선에 꼭 맞되, 아랫부분은 좀 여유로워야 한다. 너무 부풀거나 주름이 져서는 안 된다. 무릎 부분은 여유롭게 하고 박스 모양이나 밴드 혹은 단추와 단춧구멍으로 마무리한다. 이때 고무줄은 절대 사용해선 안 된다. 스타킹은 무릎 아래의 박스 모양으로 마무리된 부분까지 올려 끝을 말아 접은 다음 바지의 밴드로 고정한다. 이렇게 하면 가터를 사용할 필요가 없다. 니커보커스 바지는 너무 세게 조이는 경향이 있는 스트랩이나 버클보다 단추로 고정하는 편이 더 낫다. 가터는 다리 표면의 혈액순환을 방해하고, 허리에 고정하는 형태라면 고정된 부분이 당겨지면서 몸을 압박하기 때문에 여러모로 바람직하지 않다. 소재는 일반 직물이나 모직이 좋고, 함께 입는 스타킹은 계절에 따라 적절한 두께를 고르도록 하자.

블라우스는 소맷동이 있거나 소맷부리가 살짝 열리는 형태로 단추가 있어야 한다. 목 부분은 밴드로 마감하고 같은 재질의 탈부착 가능한 칼라를 더한다. 허리 부분의 옆선과 뒷선은 몸에 맞추고 앞쪽은 살짝 주름을 잡은 뒤 밴드 없이 마무리한다. 재질은 나머지 부분과 동일한 것을 사용하면 된다.

니커보커스 바지, 블라우스, 스타킹의 조합은 자전거용 복장의 기본 구성이다. 상하의 일체형 내복을 안에 입고 바지와 블라우스를 입어도 된다. 그 위에 코트와 원하는 경우 치마를 입고, 보온성을 높이려면 스웨터를 더해도 된다.

자전거를 타다 보면 더워지기 때문에 옷은 언제나 가벼운 편이 좋다. 자전거 여행을 갈 때는 옷을 전부 자전거에 실어야 하며, 자전거를 타지 않을 때 입을 따뜻하고 무거운 옷과 탈 때 입을 너무 무겁지 않은 옷 모두를 챙겨야 한다. 또한 기온 변화 등의 여러 상황에 대처할 수 있도록 옷을 구성해야 한다. 이를 위해 모든 옷은 동일하거나 서로 잘 어울리는 색이어야 한다. 니커보커스 바지, 블라우스, 치마는 반드시 맞춰 입어야 코트를 벗었을 때도 완성된 복장으로 보일 수 있다.

신발은 굽이 낮고 얇은 가죽으로 만든 것이어야 하며, 발끝까지 끈을 조일 수 있어야 한다. 갑피는 가볍고, 밑창은 단단하면서도 유연하고, 페달에 잘 물려 미끄러지지 않도록 홈이 파여 있어야 한다. 페달에 잘 고정되도록 블록이나 미끄럼 방지용 밑창을 덧대는 경우도 있지만 일반적인 주행에는 바람직하지 않다.

각반은 나머지 복장과 맞추거나 대비되도록 가죽, 캔버스, 모직 등 어떤 소재여도 상관없다. 발목과 발등을 편안하게 덮어야 하며, 어떤 경우에도 종아리의 중간보다 높이 올라와서는 안 된다. 종아리근육이 움직일 공간이 있어야 하기 때문이다. 각반 재단이 잘못되어 너무 꽉 조이거나 길면 혈액순환을 방해하고 근육의 움직임을

                                                          10장

페그를 딛고 자전거에 올라타기

제한할 수 있다.

　스웨터는 목까지 충분히 올라오고 아랫단은 안장을
덮을 만큼 내려와야 한다. 계속해서 움직이는 큰 근육들을
충분히 덮을 수 있게 짧은 것보다는 차라리 지나치게
긴 것이 낫고, 방해가 될 경우엔 접어 올리면 된다. 또한
스웨터는 입고 벗기 편하고 부드러운 양모 소재여야 하며,
그 위에 코트를 입고 목까지 단추를 채울 수 있게 부피가
크지 않아야 한다. 스웨터는 보통 체온 조절을 위해
입는데, 겉옷으로 입으면 짜임 사이로 통풍이 잘되고, 다른
옷 안에 받쳐 입으면 매우 따뜻해서 체온을 유지할 수
있다.

　코트는 허리선이 길고 어깨 부분이 넉넉해야 하며,
단추는 한 줄짜리로 목까지 채울 수 있어야 한다. 칼라는
기본적으로 롤칼라 형태로 열려 있어야 하지만, 재단해서
귀까지 올려 세울 수 있게 만들면 좋다. 소매에는 필요할
때 올려 접을 수 있게 단춧구멍과 단추를 두 개씩 달아야
한다. 아주 추운 날씨나 바람을 맞으며 서 있어야 하는
경우에는 촘촘한 천으로 만든 커버트코트가 유용할 수
있지만, 일반적으로 추천하지 않는다. 길이는 안장에
닿거나 혹은 그 아래로 1~2인치 정도 더 내려오는 게 좋다.
그래야 주요 장기와 움직이는 근육을 최대한 보호할 수

있다.

전체 복장 중 어디엔가 주머니를 단다면 반드시 모직 재질이어야 한다. 면을 사용하면 습기를 머금기 때문에 주머니가 금세 축축하고 차가워진다. 주머니는 있으면 편리하지만 적을수록 좋다. 모든 물건은 가능한 한 주머니가 아닌 자전거에 싣기를 권한다.

치마는 무릎 아래로 반 이상 내려오면 안 되고, 밑단과 모든 솔기는 바깥으로 뒤집어 마무리해야 한다. 그래야 어디에 걸리거나 끌려갈 일이 없다. 밑단 둘레는 원하는 대로 하면 되지만, 페달이 가장 뒤로 갔을 때 치마가 페달 너머로 늘어지지 않아야 하고, 앞면은 무릎이 자유롭게 움직일 수 있도록 넉넉히 재단해야 한다. 치마 윗부분은 허리띠 역할을 하며 몸의 곡선을 따라 허리 위쪽에서 살짝 퍼지는 형태가 되고, 엉덩이를 편안하게 덮으면서 그 아래로 자연스럽게 떨어져야 한다. 벨트는 착용해도 되고 안 해도 된다. 치마는 반드시 옆 부분을 단추로 열고 닫을 수 있는 형태여야 하는데, 이 부분에 주머니를 달면 편리하다. 여기에 시계나 성냥 같은 간단한 소지품을 넣으면 좋다.

날씨가 따뜻할 때는 단추가 하나 있는 장갑이 가장 편하다. 좀 더 추운 날씨에는 단추가 네 개 달려서

팔목까지 잠글 수 있는 장갑이 손의 보온에 좋다. 날씨가
아주 추우면 팔목과 발목을 제대로 덮어 손과 발을
따뜻하게 보호해야 한다. 더운 날씨에는 체온이 너무
오르지 않도록 발목을 덮는 무거운 부츠나 레깅스는
피하자.

전체적인 복장은 모자로 완성할 수 있다. 가벼운
여름용 밀짚모자는 자전거 여행을 할 때 편하게 쓰기
좋고, 작고 잘 어울리는 모자는 공원 주행에 좋다. 모자는
잘 떨어지지 않는 것을 골라야 하는데, 핀 없이 머리카락
아래에서 고무줄로 고정하는 것이 좋다. 머리는 바람이
아무리 불어도 흐트러지지 않도록 손질해야 한다.

자전거용 복장의 재질은 원단을 입에 대고 숨을
쉬었을 때 편안하면 적합한 것이다. 통풍이 잘된다는
이야기니까. 먼지가 잘 털리는 매끈한 재질인지도 살펴보면
좋다. 또한 물에 젖어도 줄어들지 않고, 소나기에 대비해
방수가 되는지도 확인하면 도움이 된다. 무게는 아주
가볍되 몸에 너무 달라붙지 않아야 하지만, 이러한 모든
조건을 충족하는 완벽한 소재의 자전거용 의류라 해도
선뜻 살 수 없을 정도로 비싸면 안 된다.

자전거용 복장을 고를 때 가장 신경 써야 할 점은
단정함이다. 각 아이템을 몸에 세심하게 맞춰 착용하고

단단히 고정해야 한다. 절대 핀을 사용하거나 대충 착용한 뒤 그대로 있겠거니 생각해선 안 된다. 모든 아이템이 꼭 맞고 제대로 고정되었는지 확인하라. 그러면 더는 신경 쓰지 않아도 된다.

자전거를 타는 내내 단정함을 유지하려면, 마주할 수 있는 상황을 항상 염두에 두고 이와 맞지 않는 복장은 피해야 한다. 물론 여행 중에도 짐을 늘릴 각오만 있다면 새 옷으로 갈아입는 사치를 누릴 수 있다. 하지만 자전거 타기의 가장 큰 즐거움은 독립성과 자유라는 걸 잊지 말자.

복장이 적합하지 않으면 자전거 타기를 제대로 즐길 수 없다. 물론 일반적인 복장으로도 자전거를 타고 어느 정도 거리는 불편함 없이 천천히 달릴 수 있다. 갑자기 물에 빠졌을 때도 조금은 수영을 할 수 있는 것처럼 말이다. 그러나 자전거 타기에도 수영과 같은 수준의 자유로운 움직임이 필요하며, 복장이 이를 방해하거나 제한해서는 안 된다.

몸 전체를 충분히 덮으면서도 땀이 잘 증발하고, 어떤 상황에서도 몸이 식지 않도록 따뜻함을 유지해 주는 복장을 갖추는 것 역시 항상 중요하다. 자전거를 타는 동안 땀으로 인한 습기가 잘 마르면 몸이 덥게 느껴질 수도 있지만, 빠른 주행으로 찬바람을 맞기 때문에 그

냉기가 피부에 닿지 않게 조심해야 한다. 또한 멈춰서 쉬는
경우에도 옷이 너무 얇고 가벼운 데다 짜임이 지나치게
촘촘해 통풍이 잘되지 않으면 즉시 땀에 젖어 버리고 심한
냉기가 뒤따른다. 잠깐 멈춘 것이라도 다시 자전거에
올라 몸을 데우려면 시간이 걸리며, 그 과정에서 불쾌감이
느껴진다면 무엇인가 잘못되었다는 분명한 신호다.
멈췄다가 다시 몸을 데우는 데 에너지를 소모하는 대신
보존할 수 있다면 휴식의 효과는 훨씬 더 커질 것이다.◉

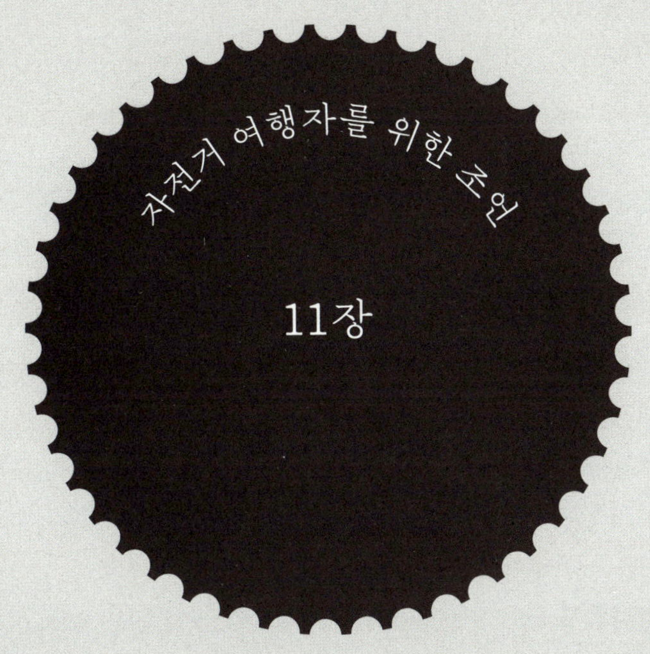
자전거 여행자를 위한 조언

11장

자전거를 타고 나설 때는 무엇보다도 기상 조건을
확인해야 한다. 그에 따라 주행 가능한 거리 또한 크게
달라지니까. 현재 바람이 어느 방향으로 부는지, 자전거를
타는 동안 어떻게 방향이 변할지 파악해야 한다. 바람은
좋은 쪽으로든 나쁜 쪽으로든 자전거 탑승자에게 다른
무엇보다 큰 영향을 미친다. 주행할 때 앞쪽에서 불어와
볼에 느껴지는 바람은 불리하고, 뒤에서 불어와 볼에
느껴지지 않는 바람은 유리하다. 진행 방향과 직각으로
불어오는 바람도 유리하다고 볼 수 있다. 탑승자는
무의식적으로 바람에 맞서기 위해 균형을 잡고 자전거는
마치 돛을 단 배처럼 압력을 받으며 앞으로 미끄러지듯
나아간다. 서풍이나 북서풍이 불면 짧은 여정이 아닌 이상
그 방향으로는 주행하지 마라. 출발할 때도 돌아올 때도
언제나 바람이 향하는 쪽으로 달리는 것이 좋다. 목적지의
날씨를 미리 확인하고 예보 역시 살펴보자. 방향이 자주
바뀌는 바람이 불 때는 변화의 조짐을 잘 살펴야 한다.
맞바람이 불 때는 여유를 가지고 정면에 시선을 둔 채
페달링에 온전히 집중하면 쉽게 뚫고 나갈 수 있다.

    짧게 여행할 예정이고 주행하는 동안 풍향이 변할
것 같지 않다면, 바람을 맞서는 방향으로 출발하라. 즉
처음에 힘을 쓰고 돌아올 때 바람의 도움을 받는 것이다.

힘든 주행은 언제든지 되도록 피하는 것이 좋다. 바람에 맞서 언덕을 오르는 건 가장 힘든 주행 중 하나다. 반면에 바람을 등지고 가면 꽤 가파른 오르막 구간도 쉽게 올라갈 수 있고, 완만한 경사는 페달에서 발을 뗀 채로 지나갈 수도 있다. 공공 도로에서는 자전거를 절대 함부로 몰아선 안 된다. 추운 날씨에 자전거를 타고 달릴 계획이라면, 새로운 길을 탐험하는 즐거움을 얻기 힘들다. 반면 몸에 무리가 가지 않도록 자주 쉬어 가며 여행할 수 있는 날씨에 시골길을 짧게 달린다면 즐거운 주행이 될 것이다.

함께 주행하는 동료들 사이에서 피어나는 동료애는 자전거를 타면서 얻을 수 있는 또 다른 즐거움이며, 이런 동료애는 꽤 공고하다. 자전거 타기에 열중하느라 대화가 끊기기도 하지만, 이럴 땐 혼자만의 시간을 갖고 사색하며 정신적 확장을 경험할 수 있다.

긴 여행을 할 때는 먼저 전체적인 도로의 방향과 바람, 그리고 해의 위치를 파악해야 한다. 가능하면 주행 내내 바람과 해를 등지고 있는 게 좋다. 날씨가 변하면 계획을 빠르게 변경해야 한다. 상황이 원하는 대로 흘러가지 않을 때는 물러설 줄 아는 용기도 필요하다. 제대로 된 자전거용 복장을 갖추었다면 비가 오든 해가 나든 문제될 게 없다. 하지만 바람이나 모래, 돌은 아예 자전거를 탈 수 없는 상황을 만들어 버린다. 풍속이 일정 수준에 도달하면 더 이상 자전거를 안전하게 탈 수 없다.

필요 없는 짐이라는 생각이 들어도 해가 빨리 지는 가을에는 반드시 랜턴을 챙겨야 한다. 랜턴 소지를 법으로 엄격하게 강제하는 도시나 마을을 지나는 경우라면 자전거에 내려 걸어가야 할 수도 있다.

자전거에 짐이 실렸다면 엄청난 속력을 내선 안 되겠지만, 적절한 수준의 평균 속도는 유지할 수 있다. 모든 짐에서 해방되길 원하는 탑승자는 곤란한 상황에 처할 수도 있다는 사실을 잊는 경향이 있다. 예컨대 주변 30마일 이내에 아무것도 없는 곳에서 타이어가 펑크날 가능성 말이다. 그러니 비록 공구함이 좀 무겁더라도 챙기지 않는 건 결코 현명한 처사가 아니다.

마지막으로 자전거를 안심할 수 있을 만큼 신중하게 검사했다면, 걱정하지 말고 차분한 마음으로 자전거를 타고 나갈 준비를 하자. 도시에서 완벽하게 굴러가는 자전거로 출발했다면 이제 신경 쓸 것은 무리 없이 교외로 진입하는 일뿐이다.

도시에서 자전거를 타는 것과 교외에서 타는 것은 확실히 다르다. 도시에서 주행할 때는 통행량과 전차 궤도, 진흙 등이 위험 요소다. 도시의 진흙은 보통 기름이 많아서

그 위로 지나가기가 매우 어렵다. 페달을 아주 고르게
밟아야 한다. 불균형하게 밟는 순간 옆으로 넘어지기
때문이다. 진흙 위를 달릴 때는 절대 앞바퀴가 아닌 페달로
자전거를 제어해야 한다. 페달을 너무 세게 밟으면 넘어져
버린다. 절대 앞바퀴로 균형을 잡으려 하지 마라. 이는
소용없는 일이며, 발로 땅을 짚어야 넘어지지 않을 수
있다. 앞바퀴는 움직이지 않게 유지하고 무게가 실리는
뒷바퀴에 의지해 진흙에서 벗어나자. 주위를 잘 살피고
천천히 주행하라. 그러면 자전거는 아주 쉽게 움직인다.

잘 닦인 직진 도로가 처음으로 보이는 순간, 정해진
속도에 맞춰 페달을 밟을 준비를 하자. 속도를 내되 절대
서두르지 마라. 샛길을 이용할 때는 지역 조례가 적용되는
구역일 수 있음을 명심하자. 항상 도로법을 숙지하고
마을에 진입할 때는 도로를 이용하라. 페달 밟기가
힘들어지면 속도를 줄이고 정면을 보자. 언제나 이 두
가지 규칙을 기억해야 한다. 빨리 가고 싶으면 정면을 멀리
내다보고, 험한 도로를 지날 때는 바닥을 볼 것.

사이드패스sidepath[9]에서의 주행은 보통
미끄럽거나 지면이 꺼진 부분 때문에 위험할
수 있다. 대개 도로와 나란히 있는 둑의
가장자리가 그러한데, 둑 한쪽에 울타리가 있는 형태다.

**9** 차도 옆에 붙어 있는 좁은 보행자와 자전거 겸용 도로.

만약 이런 길에서 자전거가 미끄러지면 탑승자는 울타리 쪽으로 넘어지기 마련이다. 사이드패스를 달릴 때는 언제나 날카롭게 주변을 살펴 이렇게 미끄럽고 취약한 가장자리뿐만 아니라 균일하지 않은 노면 위의 돌이나 요철을 피해야 한다.

위치를 파악할 때는 스스로 얻은 정보를 믿고, 타인의 말은 너무 신뢰하지 않는 것이 좋다. 주어진 거리나 전체적인 방향을 파악할 때 서로 다른 의견을 내놓는 경우가 많기 때문이다. 5~6마일 정도 떨어진 마을로 가는 방법을 서너 번만 멈춰서 물어보면 이 말이 사실임을 알게 될 것이다.

날씨가 따뜻할 때는 자전거를 타면서 물을 마셔도 된다. 하지만 여러 지역을 지나는 자전거 여행자는 물이 오염되었을 수도 있다는 사실을 늘 명심해야 한다. 끓인 물이 맛은 없지만 안전하다. 물을 끓여서 식힌 뒤에 흔들거나 다른 주전자에 부으면서 공기와 접촉시키면 먹을 만해진다. 물에 얼음을 직접 넣어 식히는 것은 위험할 수 있다. 어떤 물로 얼린 것인지 알 수 없기 때문이다. 따라서 물을 끓이거나 여과한 뒤에는 병에 담아 탈지면으로 구멍을 막은 뒤 얼음 위에 올려 식히도록 하자. 흙탕물은 백반 조각으로 깨끗하게 만들 수 있다. 양동이나 주전자에

흙탕물을 가득 담아 끓여도 백반 한 조각을 넣고 1~2초만 저으면 흙이 가라앉으며 식수로 끓일 수 있는 상태가 된다. 낯선 시골을 지나거나 그 지역에서 공급하는 물의 순도를 확신할 수 없을 때는 병에 든 생수가 가장 안전한 선택이다.

끼니를 거른 채 자전거를 계속 타서도 안 되고, 거나하게 식사한 직후에 타서도 안 된다. 하지만 점심에 먹는 샌드위치 한두 개 정도는 과한 식사가 아니다. 이럴 때는 바위나 그루터기에 앉아 소화가 될 때까지 기다리기보다 짧은 휴식을 갖고 다시 천천히 주행하는 편이 더 낫다. 식사 간격이 길어질 때를 대비해 초콜릿이나 비프 태블릿[10] 같은 간단한 음식과 예비 식량으로 우유, 빵, 치즈를 가지고 다니면 좋다. 가능하다면 절대 배고픈 상태로 자전거를 타지 마라. 그러면 속도는 점점 떨어지고 탑승자는 지친 자기 모습에 놀랄 것이다. 배가 고프면 금세 피로해지고 기력이 떨어지므로 어떻게든 규칙적으로 음식을 먹도록 하자.

아무리 강조해도 지나치지 않을 만큼 중요한 것은 옷을 쉽고 신속하게 조절하거나 덧입고 벗을 수 있어야 한다는 점이다. 플란넬은 훌륭한 보온 소재이지만,

10 소고기 추출물을 굳혀 만든 정제로, 물이나 음식에 넣어 먹는 간편 영양식.

자전거를 타는 사람은 이를 선택할 때 신중해야 한다.
플란넬이 너무 두꺼우면 땀을 지나치게 흘리게 되어 체력이
약해지고, 반대로 너무 얇으면 땀이 지나치게 빨리 증발해
몸이 쉽게 식어 버리기 때문이다.

자전거 운동으로 얻을 수 있는 가장 큰 이점 가운데
하나는 피부 기능을 자유롭고 건강하게 활성화한다는
점이다. 그러나 피부가 압박을 받아 이 기능이 저해되면
노폐물을 배출하지 못하거나 다시 흡수해 몸에 큰 해를
끼칠 수 있다. 이러한 노폐물은 나른함, 두통 그리고
운동이 아무런 효과가 없는 듯한 느낌을 불러일으키는데,
적절한 위생 원칙을 지키지 않았기 때문에 실제로도 운동
효과가 사라진다.

거리를 가늠하는 데 익숙한 보행자는 대개 자신의
보행 속도를 파악할 줄 알고, 보행 시간으로 이동 거리를
매우 정확하게 계산할 수 있다. 시간당 이동 거리인 시속을
걸린 시간과 곱하면 이동 거리가 나오기 때문이다.

자전거를 탈 때도 이와 유사한 방식으로 속도를 쉽게
측정할 수 있다. 사이클로미터를 활용하면 되는데, 이는
바퀴의 회전수를 기록하는 장치로 기발한 메커니즘을 통해
다이얼이 1마일 단위로 기록을 표시한다. 무릎이 올라올
때를 기준으로 분당 페달 회전수를 세고, 이를 2로 나누면

크랭크의 회전수가 나온다.

자전거용 시계에는 반드시 초침이 있어야 한다. 사이클로미터로 5분 동안 기록을 측정한 뒤 여기에 12를 곱하면 시간당 이동 거리가 나오니 매우 편리하게 시속을 알아볼 수 있다. 더불어 특정 시속에서의 페달 회전 리듬을 알면 거리를 결정하는 데 도움이 된다. 특히 자전거를 타고 가다가 기차로 갈아타야 하는 경우라면 이를 통해 속도를 조정해서 서두르지 않고 목적지에 도착할 수 있다.

하지만 이렇게 기록을 확인하다 보면 더 빨리 달려 기록을 높이고 싶은 유혹에 휩싸일 수 있다. 실제로 이런 마일리지에 대한 열망에 사로잡혀 스포츠를 진정으로 즐기지 못할 수도 있으니 주의해야 한다.

처음 언덕을 내려갈 때 경사도를 잘못 계산해 예상보다 가파르다는 사실을 깨닫는 순간은 아주 끔찍하다. 오르막이 나올 기미가 보이지 않는 상황에서 질주하는 자전거에 절박하게 매달려 있자면 그 어느 때보다 두렵기 그지없다. 이런 경우에는 똑바로 앉아서 핸들을 단단히 잡고 계속해서 직진 방향을 유지해야 한다. 예기치 못한 노면의 장애물과 충돌할 위험이 없다면 아직 희망은 있다. 내리막 주행에서의 안전은 균형 잡기에 달려 있다. 내리막에서는 페달을 사용할 수 없고, 앞바퀴는

건들지 않는 것이 좋다. 이때는 몸을 양쪽으로 살짝만
기울여도 균형이나 가속도를 유지하며 자전거의 진행
방향을 바꿀 수 있다. 바퀴가 흔들리지 않도록 손으로는
핸들을 단단히 잡아야 한다.

내리막에서는 안장에 제대로 앉아서 무게가 온전히
안장에 실리도록 해야 한다. 저절로 돌아가는 페달을
발로 너무 세게 밟아서도 안 된다. 페달 움직임에 맞춰
고른 압력을 가하면서 발을 편안히 페달에 올려 두어라.
자전거를 타며 경험할 수 있는 가장 경이로운 순간은
겉보기엔 역풍, 적어도 유리하지는 않은 바람의 도움을
받아 오르막을 마치 미끄러지듯 편안히 오르는 것이다. ◉

한 발을 든 채 주행하기

여성과 도구

# 12장

여성은 대부분 단추를 달고 솔기를 꿰맬 줄 안다.
바느질은 기술이라기보다 여성의 타고난 자질쯤으로
여겨진다. 세상에는 남녀 할 것 없이 어떤 물건이나
아이디어를 보자마자 어떻게 적용해야 하는지 이해하고
본능적으로 눈과 손을 정확히 사용하는 사람들이 있다.
그런가 하면 자신의 기계적 감각을 활용하는 법을 더디게
배우는 사람도 있고, 충분히 이해할 수 있는 간단한 기계적
원리에 전혀 관심이 없는 사람도 있다. 이런 원리를 모두
이해하려면 다소간 시간이 필요한데, 이 바쁜 세상에서
시간만큼 중요하게 여기면서 부주의하게 낭비하는 것도
없다. 그래서 나는 독자들에게 기계에 관해 간단히 몇 가지
설명을 해 주고자 한다.

나는 바늘이나 가위를 쓸 줄 아는 여성이라면 다른
도구도 충분히 다룰 수 있다고 생각한다. 자전거를 타는
사람은 자전거 각 부분의 사용법과 조작법을 익히는 것이
매우 중요하다. 필요한 때에 당신의 자전거에 조금만 신경
쓰면 골치 아픈 시간 낭비를 줄일 수 있다.

마차 제작자나 마부는 바퀴 달린 모든 것에 관심을
가져야 한다고 말할 것이고, 말 주인이나 애호가는 말을
지속적으로 보살펴야 한다고 말할 것이다. 자전거를 타는
사람은 엔진, 즉 말이고, 자전거는 탈것, 즉 수레라고 볼

                                                  

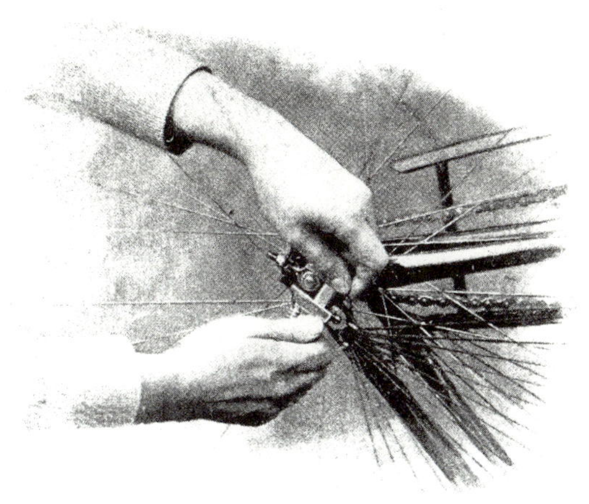

너트 돌리기



수 있다. 이를 분명히 기억해야 한다. 자전거는 철제 말을 타는 것이 아니다. 추진력은 인간인 당신에게서 나오며, 자전거는 그저 수레일 뿐이다.

자전거를 탈 때는 불필요한 노력을 들이지 않는 게 중요한데, 이를 위해 자전거의 구조, 자전거를 잘 굴러가게 하는 방법 그리고 자전거의 엔진 또는 기계장치인 인간이 부상당하지 않는 방법을 알아야 한다. 인간의 몸은 놀랍도록 적응력이 뛰어나서 문제가 생겼다면 무지나 방치 때문일 가능성이 크다. 따라서 언제나 자연의 경고에 때맞춰 귀를 기울여야 한다. 이를 무시하면 달갑지 않은

결과를 초래할 수 있다. 약간의 상식과 함께 인간이라는
기계의 작동 방식에 대한 올바른 지식만(광범위하지
않더라도) 있다면 부상을 걱정할 필요가 없다.

수행할 수 있는 활동의 양은 당연히 사람마다
다르다. 그러니 각자 자신에게 필요한 활동량을 알아내고
그만큼만 하면 된다. 당신의 한계를 판단할 수 있는
사람은 의사뿐이므로 새로운 운동에 도전할 때는 반드시
검사를 먼저 받아야 한다. 현명한 사람은 말을 구매할 때
보증서와 함께 수의 진단서를 요구해 이미 확인된 말의
수행 능력 범위 내에서 말의 활동을 계획한다. 하지만
자전거를 이틀에 한 번 특정 시간에 5마일씩 타는 게
현재 본인에게 맞는 활동량이라고 해서 그게 평생 당신의
한계인 것은 아니다. 연습을 통해 더 큰 성과를 낼 수
있다. 불가능해 보였던 일에 도전해 충분한 준비 과정을
거쳐 이를 거뜬히 성취하는 기쁨을 맛본 사람은 적절한
환경에서 규칙적인 운동을 함으로써 근력과 지구력을 얻는
경이로운 경험을 하게 될 것이다. 내가 하고 싶지만 못하는
일을 해내는 사람을 보는 건 물론 속상한 일이지만,
그렇다고 해서 "충분히 노력했으니 이제 그만하겠다"라고
말하지 못하는 것 또한 나약한 처사다. 많은 사람이 이와
비슷한 상황을 겪는다.

자전거는 조작이 쉬워서 실력이 다른 사람들이 함께하는 사회적 활동으로 즐길 수 있다. 누군가는 자전거로 세계 일주를 할 수도 있지만, 다른 누군가는 그저 한 블록 도는 게 즐거움일 수도 있다. 혼자 자전거를 타는 것은 크게 재미가 없으니 함께 블록을 돌 사람을 찾아 동호회를 만들어 보자.

사람들은 보통 자신에게 무엇이 최선인지 잘 모른다. 숙련된 운동선수는 자신이 감당할 수 있는 운동량과 운동 능력 향상을 위해 해야 할 일과 하지 말아야 할 일을 안다. 여성 역시 유익한 운동을 할 수 있지만, 무지한 상태로 아무 노력도 하지 않으면 불가능하다. 중요한 사항에 관심을 갖고 기꺼이 공부해야 하며, 관련 주제에 대해 제대로 판단하고 분별할 수 있을 만큼 충분한 지식을 쌓아야 한다. 이러한 자질을 함양하는 데는 모든 종류의 운동이 도움이 되며, 그중에서도 자전거 타기는 특유의 유익한 교육적 효과가 있다. 자전거를 타다 보면 어느 정도 역학에 친숙해진다는 점인데, 자전거 구조에 관심을 갖지 않으면 자전거를 다룰 수 없기 때문이다.

여성이 시도해선 안 된다고들 하는 기술에 도전할 경우, 경험 많은 자전거 선수들에게서 공감은커녕 비웃음을 사기 쉽다. 많은 이들은 타인이 무언가를 거뜬히 해내는 걸 보면 그것이 쉬운 일이라고 생각한다. 그러나 간단해 보이는 근육운동도 근력, 자신감, 정확한 동작을 통해 이룬 결과이며, 이 모든 것은 오직 연습으로만 얻을 수 있다. 근육의 새로운 움직임과 움직임의 조합은 반드시 배워서 익혀야 하며, 성과를 내려 서둘러서는 안 된다. 보통 운동을 잘하는 사람은 최선을 다하는 초보자를 인내심을 가지고 기다려 준다. 실패와 좌절을 맛보면서도 그치지 않는 노력에 담긴 의미를 알기 때문이다. 야심이 큰 사람은 지나치게 노력하는 경우가 많고 소심한 사람은 충분히 연습하지 않는 경향이 있다.

여성의 운동에 관해서는 편견이 많다. 많은 이들이 여성은 운동하려면 엄청난 노력을 기울여야 한다고 생각한다. 하지만 모든 일이 그렇듯 운동에도 올바른 방법이 있다. 편견을 없애려면 성과를 보여 줘야 하는데, 성과는 적절한 제약하에 노력해야 얻을 수 있다. 어떤 일을 쉽게 한다는 것은 우아하게 한다는 뜻이다. 근육 활동에 균형이 잡히지 않으면 우아할 수 없다. 우아함이란 균형, 근력, 지성이 함께 구현된 것이기 때문이다. 운동하다 경련을 일으킨다면 근육 발달과 훈련이 부족하다는 뜻이다.

인간이라는 기계는 무한한 근육 움직임과 여러

근육을 조합한 동작을 수행할 수 있다. 모든 정신 혹은 근육 훈련이나 연습은 새로운 조합의 근육 움직임에 적응하는 데 도움이 된다. 무엇을 어떻게 해야 하는지 배우는 데는 많은 시간이 걸리지 않지만, 관련해서 살펴봐야 할 주제인 역학과 생리학은 그 범위가 매우 광범위하고 포괄적이다.

바늘을 다루는 일이든 드라이버를 쓰는 일이든, 무슨 일이든 잘하면 언제나 즐겁다. 바늘이나 드라이버를 능숙하게 다루는 기술을 익히는 건 어렵지 않다. 자전거 타기의 경우 무엇을 해야 할지 아는 게 중요하다. 엔진이 되는 인간은 일정 수준의 한계를 넘어서는 상황에 내몰리지 않는 한 스스로 조절하는 능력이 있다. 종종 욕심을 내거나 운동의 본래 목적을 잊거나 혹은 일시적인 허영심에 건강과 궁극적인 목표를 간과하는 경우 무리한 운동을 하게 된다. 하지만 자전거는 몸과 마음의 건강을 위한 수단일 뿐이다. 인간이라는 기계장치가 고장 나면 고장 난 자전거라는 기계장치를 고치는 것보다 훨씬 더 어렵기 마련이라, 자전거 타기에서 인간과 자전거라는 두 기계는 한몸이며 상호의존적이다. 누적된 에너지는 신경 제어와 근육 작동에 의해 일련의 지렛대를 거쳐 전달되며, 페달 위에서 크랭크를 돌리는 발은 이 에너지를 적용하는 한 지점일 뿐이다.

　　말의 힘을 뜻하는 마력처럼, 개인이 수행할 수 있는 평균 운동량을 가리키는 인력이란 개념 또한 존재한다. 음식이 공급되면 에너지로 전환되고, 전환된 에너지는 인체에 저장되어 필요에 따라 사용 혹은 소모된다. 에너지나 힘은 정해진 시간 내에 사용하지 않으면 열 등으로 방출된다. 운동량이 너무 적으면 필요한 음식량이 적어져 식욕부진이 되고, 근육조직은 거의 쓸모없어져 운동을 하려 해도 힘이 나지 않는다. 근력을 키우고 에너지를 비축하려면 점진적이고 지속적인 연습이 필요하다. 운동은 신체를 약화시키기보다 강화시킨다. 과도한 운동은 비축된 에너지뿐 아니라 새롭게 생긴 에너지도 소진시킨다. 따라서 소모된 조직을 재생하기 위해 운동을 적당히 했을 때보다 더 긴 휴식이 필요하다.

　　자전거를 탈 때는 탑승자와 자전거가 완전히 결합되어 분리할 수 없는 하나의 복합체가 된다는 사실을 명심해야 한다. 자전거의 방향이 바뀌거나 기울어질 때 탑승자의 체중이 균형을 잡는 데 영향을 미치기 때문이다. 탑승자와 자전거는 스케이터와 그가 신은 스케이트처럼 하나의 존재가 된다.

　　지렛대와 그 작동 원리, 에너지를 비축하고 분배하며

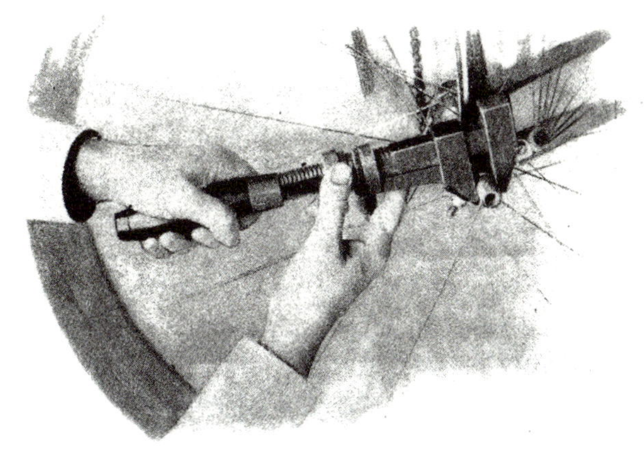

**렌치 조정하기**



소모를 방지하는 방법, 기계적 환경에 대한 적응, 즉 몇몇
일반 공구를 사용해 자전거를 정비하는 방법 그리고
자전거가 제대로 작동하도록 관리, 정비, 준비하는 작업은
아무리 강조해도 지나치지 않다. 관심을 갖고 제때 조금만
신경 쓰면 비상 상황에 대비하며 운동을 즐길 수 있고,
건강을 비롯한 여러 이점도 뒤따를 것이다.◉

우리에 필요한 공구와 그 사용법

13장

일반적으로 자전거용 공구로 사용되는 렌치엔 두 종류가
있다. 하나는 턱 부분이 움직이는 조절식 렌치, 다른
하나는 자전거의 특정 부분에 특화된 키 렌치다. 조절식
렌치를 사용할 때는 밀거나 당기는 힘이 렌치 헤드가
이루는 각에 걸리고, 턱 부분은 제자리에 고정되도록 해야
한다. 그래야 가장 튼튼한 부분에 가장 큰 힘이 실린다.
이렇게 하면 턱의 맞물리는 면이 매끄럽고 정확하게
유지되어 자전거의 외장이나 광택을 손상시키지 않는다.

제대로 조정한 렌치로는 너트를 쉽게 돌릴 수 있다.
하지만 움직이는 턱 부분에 힘을 과하게 가하면 렌치에
틈이 생겨 너트가 돌아가지 않고 렌치에서 빠질 수
있다. 렌치의 손잡이는 지렛대 역할을 하고 헤드 부분이
손잡이와 직각을 이룬다. 힘은 턱이 만든 각도가 아닌 이
부분에 실려야 한다. 물론 이 위치가 맞는지 확신이 서지
않을 수 있다. 하지만 원리를 제대로 분석하고 이해하면 이
방법이 가장 효과적임을 깨달을 것이다.

볼트와 나사는 서로 다른 부분을 연결해서 강하고
단단하게 만드는 데 사용된다. 나사란 표면에 나선형으로
나사산이 깎여 있는 볼트나 막대로, 나사산이 그에 맞는
나선형 홈이나 나사산이 파여 있는 구멍에 들어가면서
그에 맞는 홈을 새로 만든다. 이렇게 나사와 구멍이

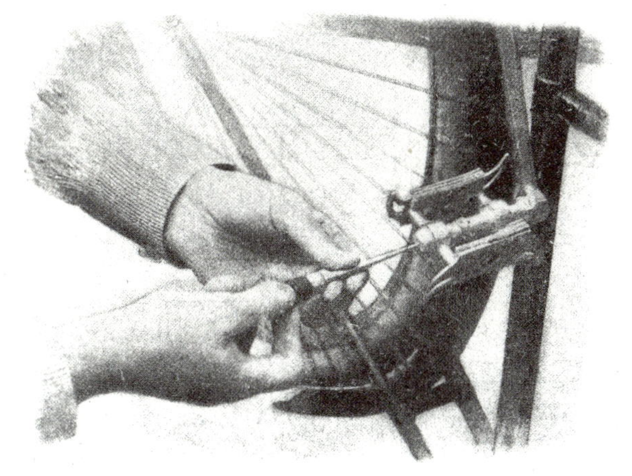

**나사 조이기**

맞물리면 나사를 돌리지 않고는 뺄 수 없다. 나사의 한쪽 끝은 평평한 모양에 돌리기 위한 홈이 파여 있고, 반대쪽 끝은 구멍에 쉽게 들어갈 수 있도록 뾰족하게 생겼다. 나사는 제 구멍에 제대로 넣은 다음 드라이버로 확실히 고정될 때까지 돌린다.

드라이버를 사용할 때는 한 손으로 잡고 돌리면서 다른 손으로는 나사를 고정해 방향을 잡아야 한다. 금속이 생각보다 단단하지 않기 때문에 드라이버에 힘을 지나치게 가하면 나사 머리의 홈이 휘어 사용할 수 없게 된다. 여기서 나사를 왜 더 단단하게 만들지 않았을까

하는 의문이 생길 수 있다. 금속은 너무 단단하게 단련하면
부러져 버릴 수 있다. 따라서 용도나 사용 위치에 맞게
너무 단단하거나 무르지 않은 강도를 지닌 나사가 잘
단련된 나사라고 할 수 있다.

　　나사는 사용하기 전에 깨끗이 닦아야 한다. 작은
먼지나 녹 때문에 나사산이 손상되면 나사를 아예 사용할
수 없게 된다. 나사에 기름이 묻어 있으면 제대로 고정되지
않으니 나사나 볼트 같은 것은 항상 세심하게 닦아야
하며, 먼지가 쌓이기 쉬운 곳에는 보관하지 말아야 한다.
볼트에 끼우는 너트 안쪽에 작은 모래 알갱이 하나만
있어도 볼트의 나사산이 망가질 수 있다.

　　자전거에 사용되는 윤활제는 두 종류가 있는데,
바로 오일과 흑연이다. 윤활제는 두 개 이상의 표면이
서로 맞닿아 움직일 때 발생하는 마찰을 줄이기 위해
사용된다. 재질과 경도가 동일한 표면은 서로 미끄러지지
않는다. 그렇지 않은 경우 표면의 미세한 요철이 서로
걸리면서 저항이 생겨 마찰이 일어나고, 그로 인해 발생한
열로 움직임이 느려지다 결국 멈추게 된다. 이때 두 표면
사이에 오일이나 흑연같이 성질이 다른 물질을 더해 주면
일종의 쿠션을 형성하며 두 표면이 밀착하는 것을 막아
준다. 또한 오일이나 흑연은 아주 미세한 입자로 쉽게

분해되기 때문에 두 표면은 서로 걸리지 않고 미끄러져 지나간다. 금속 표면은 매끄러워 보여도 확대해 보면 요철이 가득하기 때문에 서로 마찰 없이 미끄러지기가 힘들다. 그래도 오일은 언제나 최소한으로 사용하는 게 좋다. 기름기 가득한 베어링에는 먼지가 붙기 마련이고, 이 먼지가 오일을 따라 마찰을 일으키는 표면까지 들어가면 바람직하지 않은 결과를 낳는다.

펌프는 공기타이어에 없어서는 안 되는 매우 중요한 부속 장비다. 각 타이어에 달린 밸브를 통해 펌프로 공기를 주입하는데, 밸브는 구멍에 연결되어 공기나 다른 유체의 흐름을 막는 일종의 덮개로 들어 올리거나 밀어서 열고 닫는 형태가 있다. 덮개는 펌프로 공기를 넣을 때 아래로 눌리기 때문에 공기가 덮개를 밀고 들어가게 된다. 또한 스프링과 내부 공기압에 의해 제 위치에 고정된 밸브는 부드럽고 공기가 새지 않는 재질의 와셔에 단단히 밀착되어 타이어를 완전한 밀폐 상태로 만든다. 따라서 외부에서 억지로 밀지 않는 한 밸브는 움직이지 않는다.

밸브는 패턴과 크기가 다양하며, 펌프는 특정 타이어용과 범용 타이어용이 따로 있다. 가장 중요한 것은 펌프와 밸브의 와셔가 모두 제 위치에 있는지 확인하는 일이다. 타이어의 바람이 빠지는 원인은 대개 와셔를 제

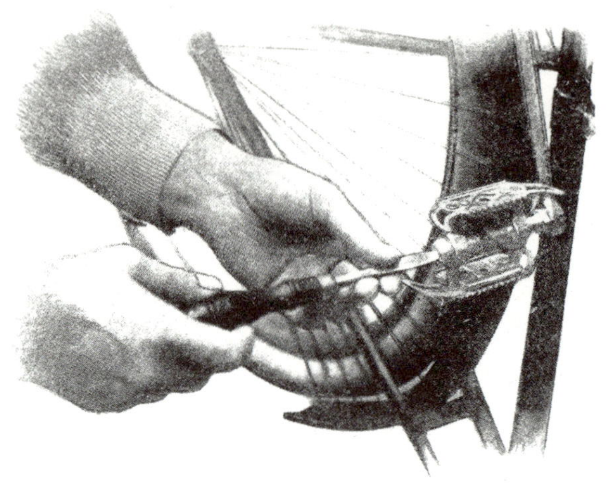

나사 풀기

위치에 두지 않아서다. 물론 밸브는 와셔가 쉽게 분리되지
않도록 설계되었지만, 그래도 와셔의 위치와 점검 시기를
알아 두는 것이 좋다. 와셔는 마모되거나 결함이 있으면
즉시 교체해야 한다. 일반적으로 와셔는 고무나 가죽으로
만들지만, 압력이나 마찰이 큰 부분엔 금속 와셔를 쓰기도
한다.

자전거는 대기 부식을 견디고 보기 좋은 외관을 오래
유지할 수 있도록 매끄럽게 다듬고 마감한 금속으로
제작해야 한다. 각 부품에 사용되는 금속은 표면을
매끈하게 연마하고 기름 같은 이물질을 화학적으로 제거한

뒤 마지막에 전기도금으로 니켈을 입힌다. 니켈도금은
원래 금속의 일부가 되어 표면을 녹과 부식으로부터
보호한다. 도금이 잘되고 아름답게 연마한 금속은
방치하지 않고 손자국이 남지 않도록 잘 관리하면 광택을
잃지 않는다. 물론 자전거 금속 부품의 표면을 마감하는
방법은 이외에도 다양하다. 니켈 대신 다른 금속으로
도금할 수도 있고, 연마 외의 다른 마감 처리 방식을
사용할 수도 있다.

가벼운 자전거는 험지나 상태가 좋지 않은 도로에서
빠르게 달리기에 적합하지 않다. 자전거를 가볍게 만들기
위해 재료를 줄이면 강성과 주행 정확성이 떨어져 방향을
제대로 유지하지 못하고 흔들리며, 결국 같은 거리를
가는 데 시간이 더 많이 걸리게 된다. 따라서 자전거의
무게는 주행할 도로나 목적에 맞게 선택해야 한다. 너무
가벼운 자전거는 금방 마모되고 하중도 견디지 못한다.
그러므로 초보자라면 자신이 다루는 방식을 견딜 수 있는
튼튼한 자전거를 선택하는 것이 좋다. 물론 숙련자라면
아주 가볍고 정교하게 조정된 자전거를 타고 어디든 갈
수 있지만, 가벼운 자전거는 정렬이 빨리 틀어져 오히려
정확성이 유지되는 무거운 자전거보다 다루기 어려울 수
있다. 너무 무거운 자전거도 안 타는 게 좋고, 지나치게

가벼운 자전거 또한 권장할 만하지 않다. ◉

가벼운 자전거 또한 권장할 만하지 않다. ◉

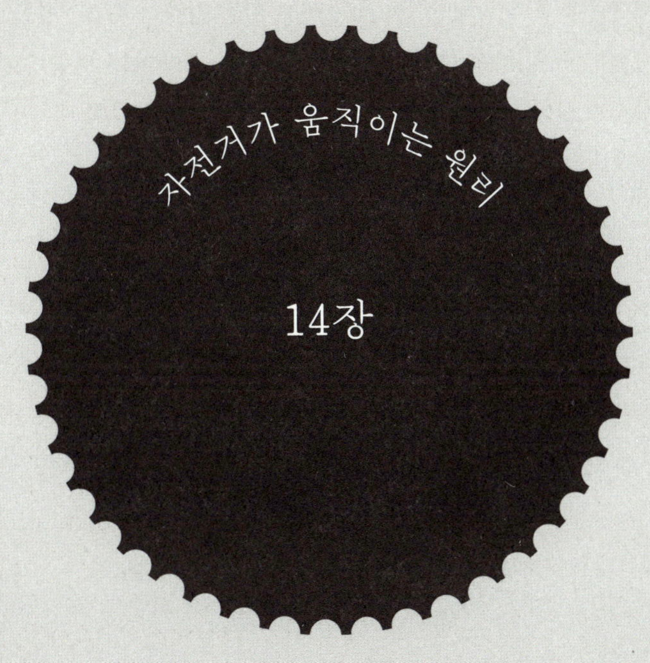
자전거가 움직이는 원리

14장

모든 기계적 힘은 지렛대 운동의 형태로 작용하며,
지렛대 운동 또한 가해진 힘의 결과일 뿐이다. 그 형태가
단순하든 복합적이든 혹은 복잡하든 마찬가지다.

사람의 힘으로 움직이는 자전거에서는 지렛대 운동이
연속적으로 일어난다. 이 관점에는 힘이 발생하는 곳, 힘이
가해지는 지점 그리고 그 힘을 전달받는 대상이 존재한다.
자전거는 힘을 전달받는 대상에 해당하며 이에 맞춰
설계되어 있다.

지레는 '고정된 지점에 가해진 힘을 이동시키려는
대상에 전달하는 막대 또는 기타 단단한 도구'로 정의할
수 있으며, 그 효율성을 기준으로 세 가지로 나뉘는데
각각을 1종 지레, 2종 지레, 3종 지레라고 부른다.

**1종 지레는 받침점이 힘점과 작용점 사이에 위치한다:**

**힘점—받침점—작용점**

**2종 지레는 받침점이 힘점의 반대쪽에 위치한다:**

**힘점—작용점—받침점**

**3종 지레는 받침점이 작용점의 반대쪽에 위치한다:**

**받침점—힘점—작용점**

이렇게 서로 다른 종류의 지레는 서로 결합되어

사용되며 다양한 형태로 힘의 효과와 작용을 만들어 낸다.
다음 요소 또한 기억해 두어야 한다.

- 운동 중인 물체는 외력이 작용하지 않는 한 그 방향을 유지하려는 성질이 있다.
- 빠르게 회전하는 자이로스코프는 중력의 영향을 받지 않는다.
- 움직이기 시작한 물체는 직선 경로를 유지하려는 성질이 있다.
- 무게중심이 흔들리거나 이동하면 균형을 바로잡아 유지해야 한다.
- 물체의 운동 속도나 방향은 힘에 의해 변한다.
- 모든 종류의 속도 변화는 점진적이면서 연속적으로 일어난다.
- 구심력과 원심력은 방사형 움직임에 의해 발생하는 힘이다.
- 공기로 인해 저항이 발생하며 공기가 움직이면 저항은 증가한다.
- 마찰은 힘에 저항을 일으킨다.
- 저항받는 표면이 적을수록 마찰도 적다.
- 저항은 반드시 그만큼의 힘을 들여 극복해야 한다.

- 자전거의 접지선은 폭이 거의 0에 수렴하고 길이는 약 42~44인치 정도다.
- 이 접지선의 방향은 일정 범위 내에서는 임의로 바꿀 수 있다.
- 자전거는 그냥 두면 쓰러진다.
- 자전거가 쓰러지지 않거나 계속해서 접지선을 유지하게 하려면 균형을 잡아야 한다.
- 자전거를 곧게 세우기 위해 지속적인 노력이 필요한 이유는 서로 맞서는 여러 힘이 동시에 작용하기 때문이다.

자전거는 다양한 방식으로 저항력을 극복하도록 설계되었다. 또한 특정 목적을 달성하는 데 필요한 모든 힘을 제공하기 때문에 탑승자가 자기 목적에 맞게 어느 정도 선택하고 조절할 수 있다.

자전거는 하중을 지지하는 바퀴와 프레임 그리고 회전축이 있는 바퀴로 구성되어 있다. 구동력은 하중을 지지하는 바퀴에 전달되며, 방향은 회전축이 있는 바퀴로 조정한다. 자전거가 똑바로 설 수 있는 것은 여러 힘이 함께 작용해 평형 상태를 유지하고, 방향을 바꾸고, 주행 중에 마주치는 다양한 저항을 극복하게 해 주기 때문이다.

탑승자가 일정 속도를 유지하면 자전거는 평형 상태로 앞으로 나아간다. 또한 탑승자는 몸을 좌우로 기울여 무게중심을 이동시키고 자전거의 진행 방향을 바꿀 수 있다.

자전거의 앞바퀴, 즉 방향 조정용 바퀴는 지면과 이루는 각도에 따라 다양한 저항을 받는다. 이 바퀴는 고정되어 있지 않기 때문에 저항이 가장 적은 방향에 맞춰 자연스럽게 회전할 수 있다. 일정 시간 주행하고 나면 자전거는 알아서 속도를 유지한다. 단, 예상치 못한 장애물을 만나거나 경사도가 높아지면 더 많은 힘이 필요해진다.

움직이는 물체는 진행 방향을 그대로 유지하려는 성질이 있다. 바퀴는 지면과의 접지점을 지나면 방향을 바꾸는 힘을 잃는다. 포크가 앞바퀴와 이루는 비스듬한 각도 덕분에 장애물로 인한 충격과 방향 변화가 전달은 되지만, 바퀴는 마찰에 의해 여전히 평형 상태를 유지하려 하고 그 움직임 또한 회전축에 의해 안정된다.

자전거가 좌우로 흔들리는 움직임은 타이어가 지면과 닿는 접지점에서 전달되는 동시에 제어된다. 만약 회전축이 타이어의 접지점 바로 위에 있다면 그 흔들림이 그대로 바퀴에 전달되고, 타이어가 접지점을 지나고 나면 제어력이 사라지기 때문에 계속해서 흔들릴 것이다. 또한 회전축이 한 점에만 고정되어 있다면 바퀴 테두리의 측면에는 마찰이 일어나지 않을 것이다. 그러나 실제로는 회전축이 기울어져 있기 때문에 지면과의 마찰 면적이 더 넓고, 그 결과 바퀴가 스스로 쉽게 제어된다.

움직이는 물체는 외력이 개입하지 않는 한 평형 상태를 그대로 유지하려는 성질이 있다. 그러나 실제로는 외력이 자주 개입하고 이는 주행에 불리한 요소이므로, 손이나 균형감각을 이용해 앞바퀴를 끊임없이 좌우로 움직여야 한다. 그러면 결과적으로 자전거 접지선의 방향이 끊임없이 바뀌면서 접지선의 폭이 넓어지는 효과가 나타난다. 반드시 앞바퀴가 향하는 방향으로 몸을 기울여야 하며, 이때 체중은 앞바퀴가 지탱한다. 만약 앞바퀴의 반대 방향으로 몸을 기울이면 체중이 지렛대의 긴 팔처럼 작용해 자전거의 접지점을 축으로 하중이 하중을 밀어내는 꼴이 되는데, 이를 상쇄할 반대 힘은 존재하지 않는다. 따라서 앞바퀴의 방향을 바꾸는 순간 자전거가 넘어지거나 미끄러진다.

포크는 앞바퀴와 일정 각도를 이루는데, 이 각도 때문에 앞바퀴는 자연스럽게 기울어지고 프레임 또한 같은 각도로 기운다. 따라서 바퀴를 옆으로 틀면 무게중심이

점차 차축 위로 옮겨지고, 그 결과 프레임의 앞부분이
들어 올려진다. 이때 프레임에서 발생하는 압력, 즉 지렛대
작용은 바퀴가 가장 저항이 적은 직선 방향을 유지하도록
돕는다. 방향을 바꿀 때 바퀴는 무게중심을 위로
이동시켜야 하는데, 바로 이 요소가 주행 방향의 안정성을
크게 높여 준다.

자전거는 앞바퀴를 고정하면 그 운동량이 외부 힘에
의해 상쇄되지 않는 한 계속해서 평형 상태를 유지한다.
그리고 앞바퀴를 이용하면 각종 저항을 받을 때도 그에
비례하는 힘을 다시 가하는 한 원래 평형 상태를 다시
회복할 수 있다.

지렛대의 관점에서 보면 바퀴의 반지름은 긴 팔에
해당하고 페달 크랭크는 짧은 팔에 해당한다. 다만
실제로는 크랭크의 길이가 바퀴의 반지름보다 더 길 수도
있다.

힘과 속도는 서로 교환 가능한 관계다. 크랭크라는
팔이 짧을수록 바퀴 테두리(가상의 선)라는 긴 팔과
균형을 이루기 위해 더 큰 힘이 필요하다. 반대로 페달
크랭크가 길면 그것을 움직이는 데 필요한 힘은 줄어든다.
하지만 그 대신 뒷바퀴가 일정 거리를 굴러가는 동안
크랭크를 따라 움직이는 발은 더 큰 원을 그려야 한다.

즉 크랭크가 길수록 필요한 힘은 줄어들지만 그 움직임을
따라가기 위해 더 많은 노력이 필요하다. 발이 움직이는
속도는 결국 이동 거리에 따라 결정된다.

바퀴의 허브가 차축 바로 위에 붙어 있으면 바퀴가
회전할 때 허브 전체에 걸쳐 상당한 마찰이 발생한다.
이 마찰로 인해 차축 표면에 발생한 열을 공기가 제대로
식혀 주지 못하면 차축은 점차 가열되고, 바퀴는 부드럽게
회전하지 못한다.

이를 해결하기 위해 볼이 사용된다. 무게가 구체 위에
실리면 단 한 지점에서 그 무게를 떠받치는 원리를 이용한
것인데, 차축을 여러 개의 볼로 둘러싸면 무게가 각 볼의
한 지점으로 차례차례 옮겨 실리면서 그 사이로 공기
순환이 가능해진다. 이렇게 하면 한정된 공간 안에서도
넓은 냉각 면적이 확보된다. 또한 각 볼이 저마다의 차축이
되어 무게를 지탱한 다음 그다음 볼로 전달하기 때문에
무게와 마찰 또한 매우 제한적으로 작용한다. 이러한 볼은
서로 움직이는 면이 직접 맞닿지 않도록 막아 주는 윤활제
역할도 한다.

힘으로 속도를 얻는다는 것은 곧 속도를 얻는 만큼
힘이 소모된다는 뜻이다. 크랭크와 뒷바퀴의 속도 비율은
두 톱니바퀴의 크기 비율에 따라 결정된다. 가능한 한 적은

힘으로 최고 속도를 얻기 위해서는 마찰을 줄이고 무게를
가볍게 해야 한다. 벨트나 체인 방식은 기계적으로 이러한
조건을 충족시키는 장치인데, 일정한 유격을 허용해
갑자기 무리하거나 충격을 받을 위험을 줄여 주고 마찰로
인한 손실을 최소화하면서 힘을 뒷바퀴에 전달한다. ◉

자전거 관리하기

15장

짧은 주행을 할지라도 자전거를 타기 전에는 항상 주의 깊게 점검해야 한다. 주행에서 돌아온 뒤에도 기어와 페달을 확인하고 바큇살과 타이어를 살펴보는 것이 좋다. 수리가 필요한 부분은 기억해 두었다가 시간 날 때 처리하자. 충돌이 있었다면 반드시 자전거 전체를 철저히 점검해야 한다. 아무리 강한 금속이라도 충격을 받으면 위험할 수 있으니 이런 점검 조치로 큰 사고를 예방하는 것이 좋다.

주행을 마치고 돌아오면 자전거를 철저히 점검해야 한다. 에나멜 부분은 먼지를 털고 진흙이 묻었다면 젖은 스펀지로 닦아 낸다. 체인은 먼지 덮인 도로를 200~300마일 정도 주행했을 때 분리해서 하룻밤 정도 등유에 담가 둔다. 니켈도금이나 금속 부분은 먼지를 잘 털어 내고 섀미 가죽으로 문질러 광을 낸다. 모든 베어링, 차축, 기어는 조심스레 닦아서 먼지와 모래를 제거한다. 그런 다음 체인을 다시 끼우고 그 위에 오일과 흑연을 바르는 동시에 베어링에도 윤활제를 바른다.

대개 시계를 사면 이 기계를 분해해 조사할 생각을 전혀 하지 않지만, 자전거는 많은 이들이 공구를 사용할 수 있다는 이유로 뜯어 보고 싶은 유혹을 느낀다. 시계와 마찬가지로 자전거도 항상 주행할 준비가 되어 있어야

자전거를 뒤집기 위한 준비 자세

하는데, 이를 위해서는 기본적인 관리만 해 주면 된다.
기본적인 조정을 하고, 만약 그 이상의 조정이 필요하다면
자전거를 제대로 이해하고 그에 요구되는 지식과 책임감이
있는 사람에게 맡겨야 한다. 기계 구조를 상세하게
공부하지 않은 사람은 두 가지 규칙만 지키면 된다. 탈 때
말고는 자전거를 건드리지 말고, 절대 기술과 경험이 없는
사람에게 자전거를 맡기지 말것.

자전거를 타고 나갔다가 집에서 수 마일 떨어진
곳에서 멈추는 경험을 하기 전까지는 앞에서 설명한
정도만 자전거를 관리해도 만족스러울 것이다. 이런 일이
생기면 가장 가까운 이동 수단을 찾아 자전거를 끌고
가서 집으로 보내야 한다. 집에 도착해 자전거를 살펴보면
가벼운 손질만으로 문제가 해결될 것이다. 마치 시계가
멈춰서 수리공에게 맡겼더니 태엽을 감고 돌려주면서
수리비는 필요 없다고 말하는 상황과 비슷하다. 따라서
자전거 타는 법을 배운 다음 해야 할 일은 관리법을 익히는
것이다. 기계와 친숙하지 않다면, 무언가를 분해했다가
다시 재조립할 생각만 해도 당황스럽고 심지어 분해한
뒤 다시 조립하지 못할까 봐 진땀이 날 수도 있다. 이런
경우에는 흩어진 부품을 모아서 조립을 맡기는 수밖에
없다.

이런 최악의 상황에 자전거를 잘 아는 친구가 도움을 주겠다고 하면 수리를 시작하기 전에 친구가 하는 말을 잘 들어 봐야 한다. "내 자전거랑 좀 다른 것 같네"라든지 "이 부품은 어디에 들어가는 거지?" 같은 말을 하면 딱 알아채고 바로 전문가에게 자전거를 보내도록 하자. 자전거 부품을 조립하는 방식은 정해져 있기 때문에 괜히 실험해 보려고 했다가는 기계를 망가뜨릴 수 있다.

따라서 처음 자전거를 뜯어 볼 때는 낡은 자전거로 일단 연습을 해 보자. 낡은 자전거를 구할 수 없다면 아주 신중하게 진행해야 한다. 우선 충분히 넓고 방해받지 않을 수 있는 장소로 가자. 준비 과정에서 아무리 조심해도 오일이나 윤활유가 여기저기 튈 수 있다는 사실을 염두에 두어야 한다. 오래된 신문지 더미, 컵, 접시, 상자 등을 준비하고 가능하다면 페인팅용 앞치마도 챙기자. 필요한 도구는 조절식 렌치, 크고 작은 드라이버 두세 개, 망치, 나뭇조각 한두 개, 자전거 수리 도구 세트, 오일, 흑연, 등유 한 캔, 치즈클로스와 플란넬 천, 큰 나무 상자다.

신문지 두 장을 반으로 접어서 바닥에 깔고 자전거를 뒤집은 다음 안장과 핸들 바를 올려놓는다. 자전거 벨이 있는 경우 떼어 내거나 핸들 바 반대쪽에 블록을 대서 균형을 맞춘다. 자전거를 뒤집으면 오일이 흘러나오기

자전거 뒤집기

때문에 랜턴이 부착되어 있다면 뒤집기 전에 떼어 내자.

　가장 먼저 자전거에 묻은 진흙과 모래를 조심스레 닦아 내자. 가능하면 안 쓰는 장갑을 끼고 손으로 닦은 뒤 치즈클로스와 기름때가 묻은 낡은 천으로 마무리하자. 바퀴가 회전하도록 하는 모든 연결 부위를 살펴본 뒤 깨끗하게 청소하라. 숙련자는 일을 줄이기 위해 각 부품을 분리하면서 바로 닦지만, 초보자는 천천히 작업해야 한다. 분리한 부품을 담을 얕은 상자나 쟁반을 준비한 뒤 헷갈리지 않도록 기름이 묻은 쪽을 위로 하여 쟁반 위에 구분해 올려 둔다.

　먼저 체인을 분리해 작은 나사볼트에 달린 너트를 찾을 때까지 돌린다. 체인의 연결 핀 중 하나인 이 작은 볼트는 쉽게 찾을 수 있다. 체인을 돌려 볼트가 작업하기 편한 위치에 오면 큰 스크루드라이버나 막대를 뒷바퀴의 바퀏살 사이에 끼워 프레임에 걸쳐 놓는다. 그러면 바퀴가 돌아가지 않고 페달과 톱니바퀴도 고정된다. 이렇게 해 두지 않으면 손가락이 끼이거나 심하게 베일 수 있다. 작은 렌치를 너트에 걸어 고정시켜 한 손으로 잡고, 다른 손으로는 드라이버를 사용해 볼트를 푼다. 쉽게 풀리지 않으면 등유 한두 방울을 떨어뜨린다. 그러면 녹과 모래가 부드러워져 잘 돌아간다. 분리한 너트는 다시 볼트 끝에 끼워 쟁반 위에 올려 두자. 체인의 한쪽 끝을 잡고 뒷바퀴에 끼워 둔 막대를 빼낸 뒤 한쪽 페달 크랭크를 돌리면 체인이 빠진다. 빼낸 체인은 등유에 푹 담가 두어야 한다.

그다음으로 에나멜 프레임을 플란넬 천으로 조심스럽게 문질러서 광을 낸다. 천에 기름기가 있으면 에나멜이 탁해지기 때문에 항상 깨끗한 천을 구비해 두는 게 좋다. 도금된 부분은 먼저 천으로 닦아서 광을 내고, 그래도 광이 나지 않으면 연마제로 닦는다. 니켈도금 부분은 플란넬에 일렉트로 실리콘[11]을 묻혀 닦으면 아름답게 광이 난다.

오일 컵이 깨끗한지 살펴본 뒤 차축 양 끝도 깨끗이 닦는다. 두 바퀴를 조정해야 하는지 살펴보고 바퀴 테두리가 원형을 유지하고 있는지도 확인하자. 이를 확인하는 좋은 방법은 프레임에 연필을 걸쳐 잡은 뒤 연필 끝을 바퀴 테두리에 대고 바퀴를 돌려 보는 것이다. 만약 테두리가 균일하지 않으면 자전거를 수리점에 가져가 최대한 빨리 바퀴의 원형을 복구해야 한다.

모든 베어링의 청소가 끝나면 오일 컵에 오일을 채우고 체인을 제자리에 조립한다. 등유에 담가 두었던 체인을 널어서 말리면 깨끗하고 반짝이는 상태가 된다. 오일 주입기를 사용해 체인의 각 리벳에 따로 오일을 발라

**11** 전기로에서 제련한 실리콘으로, 19세기 말 전기금속산업의 발전을 상징하던 신소재.

준다. 먼저 앞쪽 톱니바퀴에 체인을 걸고 페달 크랭크를 돌려 체인이 뒤쪽 톱니바퀴 위로 넘어가게 끌어당기고, 체인의 양쪽 끝이 아래로 오게 한다. 앞에서 했던 것처럼 막대를 바큇살 사이에 끼워 톱니바퀴가 움직이지 않게 한 다음 작은 렌치와 드라이버로 나사볼트를 다시 고정한다. 막대를 뺀 뒤 체인이 너무 팽팽하지 않은지 확인하고, 뒷바퀴로 조정한다.

체인 표면의 적당한 위치에 흑연 막대를 대고 크랭크를 돌린 다음 깨끗하게 털어 주면 주행 준비가 끝난다. 타이어와 밸브를 점검해 바람이 빠지지 않았는지 확인한 뒤 공기를 주입하라. 밸브가 제자리에 있는지 확인하고 자전거를 다시 바로 세운다. 벨과 랜턴을 제자리에 달고 손자국을 닦아 내면 모든 준비가 완료된다.

자전거를 한동안 탔고 관리도 열심히 했음에도 체인이 뻑뻑하거나, 페달이 제대로 돌아가지 않거나, 크랭크가 제 속도로 회전하지 않고 자전거가 무겁게 느껴진다면 자전거를 분해해서 전체적으로 청소한 뒤 다시 조립해서 조정하는 수밖에 없다. 이는 몇 시간이 걸리는 고된 작업으로, 기계와 자전거 작동에 대한 지식이 필요하다. 하지만 해당 지식이 없어도 적극성, 주의 깊은 태도, 상식이 있으면 해낼 수 있다.

마침내 뒤집힌 자전거

본격적인 작업은 크기가 작고 다루기 쉬운 페달부터 시작하는 것이 좋다. 페달이 분리형이라면 페달을 먼저 분리한다. 페달 스핀들이 고정된 구조라면, 먼저 너트나 나사를 우선 풀고 콘을 느슨하게 한 다음 움직이는 부품부터 해체한다. 이때 베어링용 볼이 떨어질 수 있으므로 페달 바로 아래 가까이 상자를 받쳐 두는 것이 좋다. 분리한 볼은 등유가 담긴 별도의 그릇에 넣고 그 개수를 정확히 세어 둔다. 페달의 움직이는 부품은 등유를 적신 천으로 깨끗이 닦은 뒤 마른 천으로 한 번 더 닦아 마무리한다.

페달을 분해할 때는 각 부품의 위치를 정확히 기억해 두어야 나중에 재조립하기 쉽다. 첫 번째 페달을 조립할 때 혼란스럽다면 반대쪽 페달을 참고하면 된다. 볼은 특히 다루기 까다로운데, 바셀린을 묻힌 드라이버를 사용하면 아주 작은 볼도 쉽게 집어 올릴 수 있다. 콘과 와셔가 제자리에 들어갔는지 확인한 후 기름을 몇 방울 떨어뜨리고 페달이 좌우 유격 없이 부드럽게 회전하도록 조정한 다음 콘과 너트를 단단히 조인다. 마지막으로 페달을 한번 돌려 점검한 뒤 나머지 페달 작업을 시작한다.

이제 앞바퀴를 살펴볼 차례다. 큰 렌치로 베어링 콘을 풀고, 포크 양쪽 끝에 있는 너트를 제거한다. 이 너트들은

차축 끝에 나사로 고정되어 있으며, 그 아래에 금속 와셔가
끼워져 있을 수도 있다. 이들은 따로 한 상자에 모아 두자.

　　바퀴를 분리한 뒤에는 타이어에 오일이나 윤활유가
묻지 않도록 주의해야 한다. 고무가 손상될 수 있기
때문이다. 이제 차축 작업을 진행한다. 먼저 바퀴를 큰
나무 상자에 넣어 고정한다. 축은 스핀들 형태이며, 베어링
안에 볼이 고정되도록 콘이 장착되어 있다. 이 콘을 분리해
깨끗이 닦고, 허브의 소켓 역시 기름 묻은 천으로 닦은 뒤
깨끗한 천으로 한 번 더 닦는다. 그다음 차축 스핀들을
다시 끼우고 볼과 콘을 제자리에 정확히 되돌려 놓는다.
기름을 조금 떨어뜨려 콘을 조정한 뒤 조인다. 그런
다음 바퀴를 포크 사이에 다시 끼워 넣고 정렬이 바른지
확인한다. 바퀴가 포크 사이에서 고르게 회전하는지, 콘이
단단하고 균일하게 조여졌는지 살펴본 뒤 너트를 다시
끼우고 단단히 조여 마무리한다. 새어 나온 기름이 있다면
닦고, 바퀴를 돌려 점검한다. 바퀴가 오랫동안 일정하게
회전하며 좌우 흔들림이 없고, 모든 부분이 단단하고
정확하게 맞물려 있다면 작업이 완료된 것이다.

　　뒷바퀴는 프레임을 벌리지 않고도 분리할 수 있다.
조정 장치를 풀면 바퀴가 빠져나온다. 뒷바퀴 베어링은
앞바퀴 베어링과 동일한 방법으로 깨끗하게 정비한다.

　　　　　　　　　　　　　　　　　

그런 다음 뒷바퀴를 다시 제자리에 끼우고 조정 장치를
원래대로 돌려놓는다.

크랭크축 역시 차축과 마찬가지로 세심하게 정비해야
한다. 페달 크랭크는 축 양쪽 끝에 고정되어 있으며,
가능한 한 데드 센터를 피하도록 설계되어 있다. 큰
톱니바퀴는 크랭크축에 장착되어 있는데, 경우에 따라
분리되지 않을 수도 있다. 크랭크는 축 끝에 나사나
핀으로 고정되어 있으므로 건드리지 않는 것이 좋다. 먼저
큰 렌치로 베어링 콘을 푼다. 콘과 볼을 분리해 깨끗하게
닦은 뒤 다시 제자리에 끼우고 오일을 바른다. 그리고
콘을 단단히 조인다. 이제 프레임 헤드의 베어링만 남았다.
핸들 바를 분리해 핸들 바와 그 소켓을 꼼꼼하게 닦는다.
이 부분에는 절대 오일이 남아 있어서는 안 된다. 핸들
바를 움직이지 않을 정도로 꽉 조이면 안 되지만, 반대로
기름이 조금이라도 스며들면 제자리에 있지 않고 미끄러질
위험이 있다. 크랭크축에 사용하는 액슬키[12]는 보통 프레임
헤드의 콘에도 맞기 때문에, 다른 볼베어링과
마찬가지로 느슨하게 풀어 분리한 뒤 청소하고
다시 끼워 오일을 바른 다음 조정하고 단단히
조여 마무리하면 된다. 베어링을 분리한 김에 프레임 헤드
내부에 쌓인 먼지도 청소한다.

**12** 축과 다른 부품을
정확한 위치에 결합 및
고정하는 데 사용하는
금속 부품.

　　헤드의 베어링을 모두 제자리에 정리하고 핸들 바를
다시 장착한 뒤에는 체인을  조정한다. 뒷바퀴는 조정
장치를 통해 프레임 내에서 앞뒤로 이동할 수 있도록
설계되어 있다. 이를 이용하면 두 톱니바퀴 사이의
거리를 조절할 수 있으니 체인을 원하는 만큼 팽팽하거나
느슨하게 할 수 있다.

　　자전거의 모든 부품을 재조립한 다음에는 다시
뒤집기 전에 전체 조정 상태를 점검해 빠뜨린 것이 없는지
확인한다. 먼저 앞바퀴의 베어링부터 살핀다. 만약
오일이 밖으로 새어 나왔다면 다시 한 번 닦아 낸다.
키를 사용해 베어링이 정확히 맞고 단단히 조여졌는지도
점검한다. 이어서 렌치로 포크 부분의 너트도 확인한다.
뒷바퀴도 같은 방식으로 점검하고, 두 바퀴가 동일한
접지선에서 구르는지 살핀다. 만약 그렇지 않다면 베어링이
틀어졌거나 프레임이 휘었을 가능성이 있다. 축베어링을
확인하고, 체인의 상태를 손으로 느껴 보고, 페달과 바퀴를
돌려 보자. 잘 조정된 바퀴는 밸브에 살짝만 힘을 가해도
빠르게 회전한 뒤 원래 위치로 되돌아올 만큼 민감하게
반응한다. 모든 조정이 제대로 이루어졌다고 판단되면
자전거를 바로 세우고 그 앞에 서서 앞바퀴를 무릎 사이에
끼운 뒤 핸들 바를 잡아 바른 위치로 당겨서 정렬을

핸들 바 정렬 맞추기

맞춘다.

　안장 기둥과 이를 고정하는 나사와 너트를 분해해
점검한 뒤 해당 부위의 소켓과 함께 깨끗하게 닦는다.
안장 기둥 고정 나사는 마찰이 있어야 제 역할을 하므로
기름이 묻으면 안장이 미끄러질 수 있다. 오일 주입기
역시 겉면을 항상 잘 닦아 두고, 끝부분의 작은 주둥이는
한 방울씩 떨어질 수 있도록 깨끗하고 둥근 구멍 상태를
유지한다. 오일은 예상치 못한 곳까지 번지고 스며드는
성질이 있어 엉뚱한 곳에서 그 흔적이 나타나기 십상이다.
자전거에 핸들 바와 연동되는 방식의 핸드브레이크가
장착되어 있다면 이 또한 주의 깊게 점검하고 브레이크의
로드를 깨끗이 닦아 낸다. 이곳에 기름이 묻으면 연결부가
미끄러져 브레이크가 제대로 작동하지 않을 수 있다.

　이러한 작업에는 세심하게 살피며 정확하게 처리해야
할 부분이 매우 많기 때문에 경험이 부족한 사람은 무언가
빠뜨리거나 실수할 수 있다. 그러나 여유를 갖고 주의
깊게 작업하며 필요한 경우 메모까지 해 두면 실수를
줄일 수 있다. 예를 들어, 베어링 콘이 제자리에 있을 때
어느 정도까지 조여졌는지, 크랭크와 페달 핀의 앞뒤가
바뀌는지 혹은 좌우 구분이 있는지 등을 기록해 두면 큰
도움이 된다. ◉

나에게 꼭 맞는 자전거
16장

자전거 타기에서 '조정'adjustment은 매우 중요하다. 자전거의 움직이는 부분을 탑승자의 필요에 맞게 조정해야 할 뿐만 아니라 자전거의 구조를 이루는 기계적 요소 또한 서로 정확히 맞물려 원활하게 작동하도록 제대로 조정해야 하기 때문이다.

사람마다 신체 비율이 다르고, 팔다리의 길이와 그에 따른 힘의 작용도 서로 다르다. 체형이 서로 다른 사람들이 동일하게 조정한 자전거를 탈 수 있다고 해서 그들에게 필요한 것이 같다는 뜻은 아니다. 그저 서로 다른 요구 조건의 평균을 내면 같은 결과가 나올 수 있다는 의미일 뿐이다.

올바르게 조정된 자전거는 체인과 기타 구동장치가 매끄럽게 움직인다. 체인은 지나치게 팽팽하거나 느슨하지 않고, 두 톱니바퀴는 정확히 같은 직선상에 놓여 있다. 두 바퀴는 흔들림 없이 곧게 회전하며 프레임과 일직선을 이루면서 동일한 접지선을 따라가고, 프레임은 모든 지점에서 반듯하고 뒤틀림이 없다. 또한 올바른 자세로 자전거를 탈 수 있게끔 돕는다.

올바른 자세를 유지하며 자전거를 타려면 여러 요소를 점검해야 한다. 먼저 편안하게 페달을 밟을 수 있는 위치로 안장을 최대한 정확히 맞춘다. 그런 다음 핸들과 핸들 바의 높이를 조정하면서 안장이 너무 앞으로 나오거나 뒤로 밀리지 않았는지 확인한다. 이렇게 안장의 위치가 정해지면 여기에 맞춰 핸들 바의 높이를 다시 조정한다. 프레임, 휠베이스, 크랭크 길이, 안장 높이와 위치, 핸들 바의 곡선, 폭, 높이, 기어를 결정짓는 부분인 톱니바퀴의 크기와 톱니 수 그리고 타이어의 무게, 구조, 공기압까지 점검하고 조정해야 할 요소가 꽤 많은데, 차례로 알아보자.

안장은 주행 시 힘을 전달하는 받침점 역할을 해야 하므로 자전거에서 가장 중요한 요소라고 해도 과언이 아니다. 어떤 안장이든 몸에 맞게 조정할 수 있지만, 그 상태가 계속 유지되지는 않는다. 안장은 받침점 역할을 할 만큼 충분히 단단해야 하고, 주행 중에 눌리거나 튀어 오르면 안 된다. 안장이 푹신하면 페달을 밟는 힘이 손실되기 때문이다. 또한 탑승자가 속도를 내거나, 언덕을 오르거나, 내리막을 활주할 때 자연스럽게 자세를 바꿀 수 있어야 한다. 즉 주행 형태에 따라 근육 사용 방식도 달라지기 때문에 안장 위에서 다양한 자세 변화가 가능해야 한다. 여행할 때는 가능한 한 안장에 실리는 체중을 최소화하고 페달로 힘을 전달하면서 핸들에 무게를 싣는 방식으로 주행해야 한다.

자전거의 모든 베어링은 콘 캡이 제대로 장착되어
있고, 볼이 유격 없이 부드럽게 구를 수 있도록 적절히
조여져 있어야 한다. 너트와 와셔는 빠짐없이 모두
제자리에 있어야 하며 완전히 조여진 상태여야 한다. 핸들
바는 앞바퀴와 정확히 직각을 이루도록 고정되어야 한다.
단, 좋은 노면에서 자연스럽게 방향을 조정하고 장애물에
걸렸을 때 쉽게 바퀴를 돌릴 수 있게 적당한 수준으로
고정되어야 한다.

핸들 바는 경주, 투어, 일반 주행 등 그 용도에 맞게
조정해야 한다. 또한 신체의 일부 하중을 지지하는 데
불편할 만큼 높아서도 안 되고, 몸통에 경련이 올 정도로
낮아서도 안 된다.

핸들 바의 구조, 특히 핸들 바가 다양한 형태의 곡선
모양으로 제작되는 이유는 눈여겨볼 만한 주제다. 핸들
바는 자전거 헤드 부분에 있는 받침점을 공유하는 한
쌍의 지렛대로 볼 수 있다. 탑승자의 자세, 균형감각, 힘에
따라 자전거를 제어하기에 가장 적합한 무게 배분과 조작
감각이 달라지기 때문에 핸들 바의 형태가 다양한 것이다.
따라서 축간거리를 조정하지 않고 탑승자의 조작 감각에
맞는 핸들 바로 교체만 해도 무게 배분과 힘을 조절할 수
있다.

핸들 바의 곡선 형태와 그에 따른 다양한 지렛대 효과를 분석하기는 어렵다. 여기에는 취향이 크게 작용하는데, 핸들 바가 어떻게 조정되었느냐에 따라 방향을 조정할 때 느껴지는 감각이 다르기 때문이다. 핸들 바는 너무 앞쪽으로 내려가 있으면 안 된다. 자전거를 탈 때는 항상 전방 위쪽을 주시해야 하기 때문이다.

그러나 언덕을 오를 때는 페달을 밟아 추진력을 얻는 받침점이 반드시 안장이 되어야 한다. 이때는 핸들에 절대 무게를 싣지 말고 균형을 잡아서 바퀴가 굴러가게 해야 한다.

언덕을 내려갈 때는 모든 무게를 안장에 싣고 발은 페달에 올린 채 핸들을 단단하면서도 가볍게 잡는다. 동시에 주행을 위한 올바른 자세를 유지한다. 무게를 앞쪽에 실어야 할 때는 체중을 무게중심보다 앞쪽으로 옮기고 핸들 바의 더 낮은 위치를 잡는다.

타이어에서 가장 중요한 것은 탄성이며, 타이어의 공기량은 승차감과 바퀴의 속도에 큰 영향을 미친다. 부드러운 타이어는 거칠거나 돌이 많은 노면에 적합하다. 조금 빨리 마모되는 단점이 있지만, 충격을 훨씬 덜 받고 주행 노면이 더 편안하게 느껴진다는 장점이 단점을 충분히 상쇄한다. 아주 단단한 고무 타이어라고 해서

반드시 단단해야 하는 건 아니다. 고무 타이어의 장점은
그 탄성에 있는데, 탄성은 받침점이 되는 노면과 탑승자가
가하는 힘 사이에서 완충 역할을 한다.

다음은 기어를 점검할 차례다. 먼저 페달에 더 큰
힘을 가할 때 불편함이 없다면 기어를 높여라. 이때 발에
경련이 오거나 불편하다면 크랭크 길이를 조정해야 한다.
만약 발이 상대적으로 긴 편이라면 크랭크를 길게 해 줘야
발등을 보다 자유롭게 움직일 수 있다. 발에 긴장이나
압박이 느껴질 때는 반대로 크랭크의 길이를 짧게 해야
발의 부담을 줄일 수 있다. 이렇게 크랭크의 길이를 조정해
다리와 허벅지의 경련이나 긴장감을 완화할 수 있으며,
가해지는 압력과 크랭크의 길이가 적절하게 맞춰지면 발을
자연스럽게 움직일 수 있다.

기어를 높이면 저항이 커진다. 또한 크랭크의 길이가
길어지면 지렛대 효과는 증가하지만 발은 그만큼 더 큰
원을 그리며 움직여야 한다.

크랭크의 길이와 기어의 적정 비율을 계산하다 보면,
더 높은 기어와 더 긴 크랭크를 사용하는 경우와 더 낮은
기어와 더 짧은 크랭크를 사용하는 경우 모두 결국엔
동일한 양의 저항을 극복해야 한다는 결론에 도달한다.
다만 차이가 있다면, 주어진 거리를 정해진 시간 안에

주행하기 위해 필요한 페달 회전의 속도가 달라진다는 점이다. 이는 걷기에서 보폭과 보행 속도의 관계에 비유할 수 있다. 따라서 크랭크와 기어를 선택할 때는 충분한 경험이 있어 합리적인 선택을 할 수 있는 사람의 조언을 듣는 것이 좋다.

다리로 지렛대 운동 원리에 따라 크랭크를 돌릴 때는 발을 너무 뒤로 뻗어 힘을 헛되이 소모하지 말아야 한다. 발이 페달의 힘이 실리는 지점을 넘어가 버리면 지렛대 운동의 효과가 무의미해지기 때문이다. 이러한 힘의 손실은 안장이 너무 앞쪽에 위치했을 때 발생한다. 따라서 페달을 앞으로 밀고 아래로 내리밟는 힘을 최대화하려면 발이 되돌아올 때 뒤로 미는 동작을 통해 당겨 올리는 힘을 보충해야 한다. 하지만 이 동작으로 얻는 힘은 앞으로 미는 동작에서 잃는 힘을 상쇄할 만큼 충분하지 않다. 따라서 페달을 앞과 아래로 미는 동작에서 최대의 힘을 발휘할 수 있도록 안장을 적당히 뒤쪽에 놓아야 한다.

또한 페달을 멀리 밀어낼 때 무릎을 완전히 펴서는 안 된다. 무릎을 쭉 뻗은 상태로 오르막을 오르면 무릎뿐 아니라 다리 뒤쪽의 힘줄과 근육에도 무리가 갈 수 있다. ◉

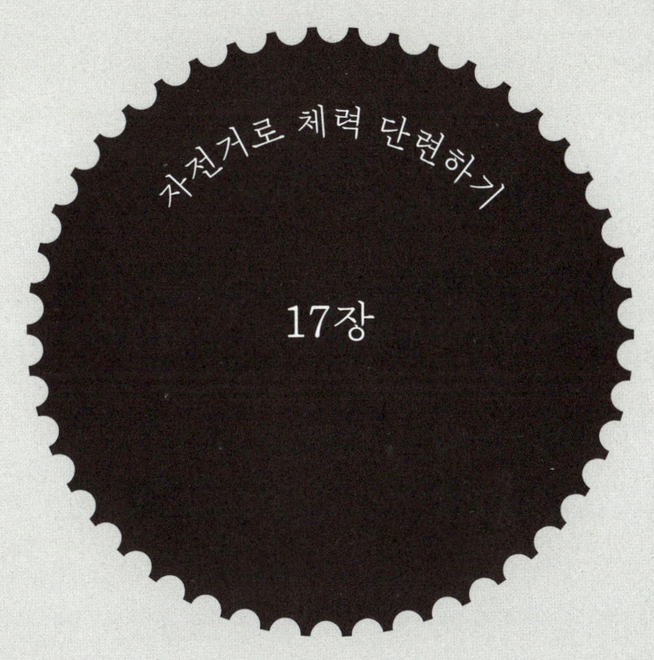
자전거로 체력 단련하기
17장

운동은 어떤 형태로든 모든 사람에게 필요하다. 또한 운동은 사람을 변화시킨다. 활동적이지 않은 사람은 몸을 움직이면서 새롭게 스스로의 능력을 발견하고 즐길 기회를 얻는다. 약한 이들은 강해지고 강한 이들은 자신의 힘을 유지하며 새롭게 발전시킨다. 젊은 사람은 신체가 고르게 발달하고, 나이 든 사람은 유연성과 활력을 유지하게 된다. 운동은 움직일 수 있는 모든 신체 기관의 기능을 유지하고 발달시킨다. 운동은 곧 노동이라, 말하자면 근육의 노동이라고 할 수 있다. 근육을 사용하면 신체의 모든 조직이 재조정되면서 움직임을 저해하는 물질과 축적물이 배출되거나 체내에 고르게 분포된다.

어떤 사람은 도통 움직이려 하지 않고, 또 어떤 사람은 휴식을 생각하는 것조차 싫어한다. 운동이 신체에 미치는 생리적 효과는 사람마다 다르며, 평소 활동적인 사람과 그렇지 않은 사람에게 매우 다른 영향을 끼친다. 어떤 형태든 운동은 곧 근육 활동이기 때문이다. 그리고 근육 활동은 모든 신체 운동 기관의 영양 상태를 변화시키고 몸을 움직이는 데 유리한 구조로 발달시키는 경향이 있다.

몸을 편하게 움직이려면 근육을 쓸 수밖에 없다. 따라서 활동하려면 반드시 근육을 사용해야 한다. 그러면 모든 신체 기관이 일이나 생활 방식이 요구하는 조건에 반응해 스스로를 조정한다. 인체를 구성하는 복잡한 메커니즘과 생리적 과정은 필요한 조건에 적응하기 마련이니, 원하는 결과에 따라 그 조건을 정하기만 하면 된다.

운동할 때는 에너지를 사용하게 되는데, 운동 부족이나 다른 이유로 저장된 에너지량이 적으면 운동을 아주 잠깐만 해도 급격히 지친다. 근육을 무리하게 쓰며 운동하면 탈진하기 십상이다. 이는 충분한 휴식으로 회복해야 한다. 오랫동안 운동을 전혀 하지 않았다면 아주 점진적이면서도 꾸준한 운동 계획을 세워야 한다. 움직임에 익숙하지 않으면 근육이 금방 지치기 때문에 운동을 별로 많이 하지도 않았는데 너무 피곤하다고 느낄 수 있다. 따라서 좌절할 수도 있지만, 정도의 차이만 있을 뿐 누구나 겪는 일이니 운동량을 서서히 늘리면서 근육조직을 강화하면 된다.

모든 근육 활동은 근육의 수축 기능을 통해 이루어진다. 근육을 쓰면 근섬유 주변의 지방이나 기타 축적물이 제거되고, 근육의 크기는 커지며, 수축하는 힘도 더 강해진다. 반대로 사용하지 않으면 근육조직이 위축될 수 있다. 따라서 운동 과다 혹은 부족 중 어느 쪽으로도

치우치지 않게 적절히 분별하고 조절하는 능력을 길러야
한다.

근력운동은 신체의 에너지 연소 작용과 동화 작용을
더욱 활발하게 해 주며, 근육을 단련하면 힘을 경제적으로
쓸 수 있다. 꾸준히 연습하다 보면 몸을 움직일 때 근육이
소모하는 에너지가 적어지기 때문에 같은 힘으로 더 많은
일을 해낼 수 있다. 진정한 힘은 단순한 근육량이 아닌 그
근육을 제대로 사용할 줄 아는 능력에서 나온다.

근력운동을 할 때는 여러 근육을 동시에 움직이고,
속도 강화 운동을 할 때는 신경 에너지를 활용하며
같은 움직임을 반복한다. 지구력 강화 운동은 피로를
효율적으로 관리할 수 있게 해 주는데, 이 운동을 할 때는
근력과 신체의 동화 작용이 완전한 균형을 이루어야 한다.

근력운동은 모든 근육이 최대한의 힘을 쓰도록
수행해야 한다. 뼈대는 근육의 압박으로 서로 결합해
하나의 견고한 구조가 된다. 속도 강화 운동을 하고
나면 실제 운동량에 비해 과도한 피로가 뒤따른다. 모든
움직임에는 많은 근육이 개입하며, 정확한 움직임으로
운동하려면 각각의 근육이 맡은 역할을 제대로 수행하며
협응Co-ordination해야 한다. 협응이란 특정 동작을 수행할
근육을 선택하고 그 근육이 정확히 필요한 만큼 수축하는

데 필요한 신경 에너지의 양을 조절하는 과정을 말한다.
반사적으로 움직이는 자동성은 연습을 통해 얻어지는
것이므로, 근육이 직관적으로 반응하게 만들기 위해서는
규칙적인 훈련이 필요하다. 이미 머릿속에 활용 가능한
다양한 근육 조합이 저장되어 있는 경우가 아니라면,
복잡한 동작은 오직 점진적인 훈련을 통해서만 습득할 수
있다.

운동은 영양 상태를 조절하는 데도 중요한 역할을
한다. 가슴둘레를 늘리는 데는 숨을 깊이 들이쉬어야 하는
운동이 가장 좋다. 하체는 큰 근육 덩어리로 이루어졌기
때문에 힘을 쓸수록 더 깊은 호흡을 하게 된다. 운동은
신체의 크기뿐 아니라 형태도 변화시킨다. 하지만 특정
종류의 운동만 지나치게 반복하면 그 부위만 국한해서
변화될 수 있다.

숨이 차는 것만이 피로하다는 신호는 아니며,
체내에 저장되는 물질도 지방만 있는 것이 아니다. 일을
하면 지방으로는 만들어질 수 없는 질소성 대사산물이
생성되는데, 이런 물질이 체내에 쌓여 지방이 숨 가쁨을
일으키듯 근육의 뻣뻣함을 유발한다.

자전거 타기만큼 혈액순환을 원활하게 해 주는
운동도 없다. 그리고 우리 몸을 순환하는 이 놀라운

체액의 양은 그리 많지 않기 때문에 어떤 형태로든 그 순환을 방해해선 안 된다. 예컨대 조금이라도 조이는 장갑조차 끼지 말아야 한다. 머리, 손, 발을 덮는 모든 의복은 특히 신중하게 선택해야 하며, 다른 옷 역시 마찬가지로 주의를 기울여야 한다. 속옷은 몸을 조이지 않아야 하고, 피부 순환을 방해하는 승마용 타이츠 같은 것은 절대 착용해서는 안 된다. 허리와 아래쪽 갈비뼈는 항상 자유롭게 움직일 수 있어야 한다. 또한 호흡이 가빠질 정도로 자전거를 몰아서는 안 된다. 갈비뼈가 공기압력 때문에 스스로 들고 날 수 없다면 이미 과도하게 탄 것이다. 따라서 숨을 헐떡거리지 않을 정도로 타는 것이 적당하다.

인간의 몸은 본래 사용하도록 만들어졌기 때문에 사용하지 않으면 마치 기계에 녹이 스는 것처럼 그 기능이 떨어진다. 반대로 특정 근육이나 신경 에너지를 과도하게 사용해도 역시 문제가 생긴다.

무엇보다 신경을 곤두세운 채 운동하면 안 된다. 기분 좋게 운동하고 에너지는 페달을 밟는 데 쓸 수 있도록 아껴 두자. 운동을 아무리 열심히 해도 제대로 하지 않으면 소용없다.

자전거를 취미로 적당히 즐기는 사람도 앞서 말한

원칙들을 고려해 어떤 방식으로 운동할지 결정해야 한다. 그렇지 않으면 자전거 타기가 유익하기는커녕 해가 될 수 있다. 물론 이 중에는 일반적으로 두루 적용되거나 특정한 경우에만 적용되는 원칙도 있고, 특별한 규칙이 일반화되어 적용되기도 한다. 모든 원칙은 자전거 운동에 맞게 얼마든지 활용할 수 있지만, 각 개인은 이를 자신에게 맞는 방식으로 책임 있게 적용해야 한다. 자전거를 하나의 수단으로 받아들였다면, 이를 올바르게 활용해야 원하는 목표를 달성할 수 있다.

### 주행 거리를 점차 늘려 보기

자전거로 50마일 이상 달리거나 일주일 이상의 여행을 계획 중이라면, 아직 가 본 적 없는 곳으로의 장거리 주행에 대비한 훈련을 반드시 해야 한다. 자전거 타는 법은 알지만 장거리 주행은 해 본 적이 없는데 친구들의 자전거 여행에 함께하고 싶은 상황이라 가정해 보자. 친구들은 매일 한두 시간 혹은 일주일에 두 번 정도 몇 시간씩 꾸준히 자전거를 탄다. 이들은 당신이 여행을 감당할 수 있을까 걱정하지만, 당신은 친구들과 같은 속도로 따라갈 수 있다고 확신한다.

이런 상황이라면 스스로 기회를 만들어 자신의 능력을

증명해야 한다. 당신이 피로를 느끼지 않고 자전거를 탈
수 있는 시간이 최대 30분이라고 가정한다면, 매일 30분씩
꾸준히 연습해야 한다. 그리고 자신의 주행 가능 거리와
코스를 파악한 후에 속도를 높이는 연습으로 넘어간다.
즉 동일한 거리를 달리는 데 소요되는 시간을 서두르지
않으면서 단축하는 연습을 하는 것이다.

일단 천천히 출발하고 호흡이 안정될 때까지 그
속도를 유지한다. 호흡이 안정되면 속도를 살짝 올린다.
이런 방식으로 점차 속도를 높여 간다. 만약 평소에
30분 걸리던 거리를 25분에 주파하게 되었다면, 다음
주행에서는 동일한 시간 내에 더 먼 거리를 달릴 수 있어야
한다.

도로에서 30분 안에 5마일을 쉽게 주파할 수 있게
되었다면 다음 두세 번의 주행에서는 1마일 정도를 더해
보자. 그러고 나서 하루를 쉬고 다음날에는 기존 주행
거리의 약 두 배, 즉 8마일 정도를 달린 후 또 하루를 쉰다.
다음날에는 다시 거리를 두 배로 늘려 본다. 만약 이런
훈련을 했을 때 몸에 부담이 느껴진다면, 수월하게 달릴
수 있는 거리로 돌아가 그 지점부터 훈련을 다시 시작해야
한다.

날짜, 풍향, 햇빛, 시간, 습도를 포함해 주행 기록을

                                              

자세하게 남겨라. 그중 습도는 매우 중요한 요소인데, 날씨가 더워도 건조하면 습해서 땀이 잘 마르지 않을 때보다 더 먼 거리를 안전하게 주행할 수 있기 때문이다.

피로가 느껴지면 모든 조건을 살펴보고 그 원인이 자신에게 있는지 아니면 날씨 때문인지 파악해야 한다. 식사하고 나서는 최소 1시간이 지난 후에 출발하고, 운동 후 식사하기 전에는 반드시 휴식을 취해야 한다. 이 지침을 잘 따르면 곧 크게 발전한 자신의 모습을 발견하고, 자신감과 어느 정도의 지구력이 생겨서 웬만한 거리는 주행할 수 있을 것이다.

### 자전거 타는 사람을 위한 생활 속 건강 관리

땀을 흘릴 정도로 운동을 했다면 목욕하면서 몸을 마사지해 주면 좋다. 물론 목욕은 적당히 하고, 건식 마사지와 미온수 목욕으로 피부 기능을 원활하고 건강한 상태로 유지한다. 식사는 영양소가 풍부하고 건강에 좋은 음식으로 구성하고 소화가 어려운 음식은 피하자. 옷은 충분히 갖춰 입되 너무 많이 껴입지 말고, 과하게 땀이 나는 운동은 피하는 것이 좋다. 피부 건강을 유지할 수 있는 활동만 하는 것이 바람직하며 물은 충분히 마셔야 한다.

체지방이 과도하면 몸이 둔해지는데 이는 극복하기 쉽지 않다. 살찐 사람은 운동 후에 소모된 조직을 보충하기 위해 지방을 만들기 쉬운 음식을 갈망하는 경향이 있다. 단 음식이나 약간 자극적인 음식이 당기는 걸 참아 내기가 힘들다. 또한 이들은 스스로 운동을 지속하지 못할 거라고 생각하는 경향이 있다. 처음에는 운동이 힘겨울 수밖에 없으니, 피로감을 느끼지 않는 균형 잡힌 상태가 될 때까지는 조심스럽게 운동해야 한다. 그 이후에야 비로소 체계적인 체중감량을 시도할 수 있다. 충분한 운동과 건강한 식단을 지속적으로 병행하다 보면 결국 원하는 결과를 얻을 것이다.

과식한 후에는 절대 격렬한 근육운동을 해서는 안 된다. 소화하는 데 에너지를 많이 써야 하는 만큼 신체의 다른 부분은 강한 운동을 감당할 능력이 줄어든다. 이런 상태에서 무리한 운동을 하면 소화 작용이 제대로 이루어지지 않을뿐더러 근육운동에 필요한 여러 생리작용 조절에 큰 혼란이 생긴다. 그러면 세컨드 윈드[13]까지 시간이 오래 걸리고, 강도 높은 운동이나 육체 노동을 할 수 없으며 그런 활동을 지속하는 것 또한 불가능해진다. 이런 행동이 반복되면 결국 소화 기능에 심각한 장애와 혼란이 생기고, 나아가 질병에

**13** 가빠졌던 호흡이 정상으로 돌아오는 것.



17장

취약해질 수밖에 없다.

　공복 상태에서 중노동을 하거나, 식사를 거르고
휴식도 없이 운동을 계속하는 것 또한 매우 해롭다.
인간이라는 기계는 일정한 양의 연료를 규칙적으로 공급해
줘야 한다. 그렇지 않으면 함부로 소모해서는 안 될 귀중한
예비 에너지가 대신 소모되고 만다.

　다양한 영양소가 골고루 섞인 식단이 가장
이상적이며, 모든 음식은 충분히 익혀 먹는 것이 좋다.
하루 세 끼를 규칙적으로 먹고, 식사 사이에는 아무것도
먹지 않는 것이 원칙이다. 다만 매우 피로할 때는 공복으로
일하지 않는 게 나으므로, 부득이하게 곧장 식사할 수
없다면 간식이라도 먹는 편이 낫다. 소고기와 양고기는
언제나 좋은 식품이며, 신선한 채소와 과일, 우유와
달걀 그리고 크림과 설탕 또는 우유와 설탕을 곁들인
곡류 음식도 모두 훌륭하다. 간단한 후식은 해롭지는
않지만 반드시 필요하지는 않다. 단, 차와 커피는 음식이
아니다.◉

자전거의 효능

18장

자전거는 이동 거리를 늘리는 동시에 소요 시간은 크게
줄인다. 예를 들어 평균 보행 속도가 1시간에 3마일인
사람이 자전거를 타면 일반적으로 4분이 채 안 돼서
1마일을 주파할 수 있다. 하지만 자전거의 평균 이동
거리는 여러 방해 요소를 고려했을 때 그다지 길지 않고,
같은 시간 동안 3마일을 걷는 것보다 에너지 소모가 더
클 수도 있다. 자전거로도 1시간에 6마일을 갈 수 있지만,
에너지 소모가 어마어마할 것이다. 본인에게 맞는 자세가
잡히기 전에는 짧더라도 일정 거리를 주행하는 데 필요한
에너지가 클 수밖에 없다. 따라서 적절한 자전거 조정,
옷의 무게, 편안하고 부드러운 움직임을 위한 연습량을
제대로 연구해 파악해야 한다. 하지만 일단 이 모든 것을
갖추면 온 세상이 당신 앞에 펼쳐진다.

자전거를 타면 지각력이 단련되어 민첩해지며, 용기와
판단력, 식별력, 결단력, 빠르고 정확한 시각이 길러진다.
손이 저절로 눈을 따라가서 의식적으로 힘을 쓰지 않아도
탑승자가 느끼는 감각적 자극에 자전거가 자연스레
반응한다. 자전거 타기를 통해 길러지는 민첩성과 빠른
지각력은 놀라울 정도다. 이전에는 그저 좋아 보였던
도로가 경계심을 갖고 보면 피해야 할 함정으로 가득
하다. 그래서 미끄럽거나 균일하지 않은 노면, 압정이나

깨진 유리도 바로 인식해서 피하고 요철도 미리 고려한다.
또한 예상치 못한 도로의 단단한 구간에서 자전거가
휘청이는 경향에도 대비한다.

단순히 자전거를 탈 수 있다고 해서 뛰어난 탑승자가
되는 것은 아니다. 자전거를 포함한 차량 전반에 관한 최신
법규를 항상 인지하고, 기계로서의 자전거에 대한 정확한
지식도 갖추어야 한다. 이런 지식을 스스로 적용하고
해당 지식이 없는 사람에게 알려 줄 수 있어야 한다. 또한
여행하는 장소를 파악하고 여행 거리와 방향을 제대로
알아야 한다. 지도와 나침반 사용법도 익혀야 하지만,
이것이 없을 때 해나 별, 심지어는 아무것도 보지 않고
방향을 찾을 수 있어야 한다. 자연에서 시간과 계절의
변화를 읽고 숲을 인지하는 감각 또한 키워야 한다.

자전거 타기의 여러 장점 가운데 하나는 신체의
거의 모든 근육을 사용한다는 것이다. 다리는 자전거를
앞으로 나아가게 하고, 몸통 근육은 균형을 유지하는
데 관여하며, 팔은 앞바퀴의 방향을 조정하고 제어한다.
큰 관절은 모두 움직이는데, 이 과정에서 유연해질
뿐만 아니라 강화되고 발달한다. 근육은 정신적 의지로
조절하지 않으면 아무 역할도 하지 못한다. 뼈는 신체에
강도를 부여하며 지렛대나 받침점으로 작용한다. 반면

근육은 마음이 사용하는 도구로, 뼈를 당기고 밀어 올바른
위치로 움직이게 하는 지렛대다.

　정확한 동작이란 힘을 전혀 낭비하지 않고 딱 그에
필요한 만큼만 쓰는 것이다. 페달을 찾느라 헛발질을
하거나, 안장에 단번에 올라 앉지 못하거나, 자전거가
제대로 출발하지 않아 넘어지는 사람은 사실상 불필요한
힘 낭비를 하는 셈이다. 하지만 이는 그저 익숙하지 않아서
벌어지는 일이다. 꾸준히 연습하면 근육이 알아서 해야 할
일을 자연스럽게 수행하게 된다.

　한 번에 한 가지만 하려고 노력해야 한다. 예를 들어
자전거에 올라타는 동작이라면, 언제 어디에서 어떻게
해야 하는지 각 단계를 기억해 둬야 한다. 주의해야
할 점을 단번에 파악하지 못했다고 해서 자기 머리가
나쁘다고 생각해서는 안 된다. 그저 그 순간의 특정한
정신적 과정에 제대로 적응하지 못했을 뿐이다. 그러나
그 과정에서 기울인 노력은 신체적으로도 축적되어
다음번에는 성공 가능성이 더 커진다. 운동량은 한 번에
조금씩 늘려야 한다. 필요한 연습량은 오직 운동에
얼마나 집중했는지로만 판단할 수 있다. 일단 근육이
운동에 익숙해지면 정신이 그 운동에 쓰이는 조합을 쉽게
재현하고, 경험이 점차 도움이 되기 시작한다.

　　　　　　　　　　　　　　　　　　　　　　　

지구력이란 단순히 저장된 힘을 사용하는 능력뿐 아니라 올바르게 조절된 힘을 지속적으로 발휘하는 능력을 의미한다. 모든 운동의 목적은 이미 보유한 체력을 소모하지 않고 강도, 활력, 예비력의 총량을 늘리는 데 있다. 자전거 운동에 따른 근육 발달은 때때로 놀라울 정도다. 평소 운동을 열심히 하지 않던 사람이 특히 변화가 도드라지는데, 가슴둘레가 2~3인치 정도 늘고 팔과 팔뚝도 비례해 발달하며, 전신의 근육이 더욱 단단하고 탄력 있게 변한다. 그러나 지속적인 자전거 타기, 장시간의 자전거 운동, 트랙에서의 속도 훈련은 다리근육만 불균형하게 발달시키는 경향이 있다. 따라서 이러한 편중을 막기 위해 자전거 훈련과 함께 가벼운 아령 운동을 병행하는 것이 좋다. 전신 근육의 균형을 유지하는 데 효과적이기 때문이다.

자전거 타기는 마른 체형의 여성에게 특히 이로운 운동이다. 간과 소화 기능이 원활해지기 때문이다. 그러나 체조직이 단단하고 치밀해진다는 측면에서 살집이 있는 여성에게도 도움이 된다. 보통의 건강한 여성은 맑고 신선한 공기를 마시며 운동함으로써 최상의 건강 상태를 유지할 수 있다. 주로 앉아서 생활하거나, 신체 발달이 미흡하거나, 영양이 부족한 사람에게도 자전거는 놀라운 효과를 보인다. 모든 신체 에너지가 증가하고 전반적인 신체 조직이 재생된다. 소화기관이 자극을 받아 그 기능이 향상되고 식욕도 증가한다. 또한 안색이 밝아지고 마음의 활력을 되찾는다. 하지만 이런 사람들 역시 과도하게 운동하면 식욕을 다시 잃을 수 있기에 주의해야 한다. 운동은 언제나 식욕과 동화 작용을 활성화하는 방향으로 활용해야 한다.

자전거는 유용한 이동 수단일 뿐만 아니라 필요한 대부분의 근력운동을 짧은 시간에 할 수 있는 도구이기도 하다. 자전거에 대해 알아두어야 할 한 가지 사실은 자전거로 거의 모든 종류의 일을 할 수 있다는 것이다. 당신이 지금 하는 일이 예전에는 말이 대신해 주던 일이고 그 방식 또한 유사하다는 사실, 또 일하는 말을 돌볼 때 적용되는 관리 수칙 상당수가 같은 일을 하는 인간에게도 똑같이 적용될 수 있다는 사실을 알면 불쾌한 놀라움을 느낄지도 모른다.

자전거는 철마가 아니다. 오히려 스케이트와 비슷한 면이 있고, 어떤 점에서는 보트와 닮았으며, 썰매와 유사한 점도 있다. 하지만 많은 면에서 그 어떤 것과도 다른 독특한 존재다. 가끔은 보트가 그렇듯이 마치 살아 있는 것처럼 느껴지기도 하지만, 어디까지나 자전거를 움직이는

사람의 힘이 그런 착각을 일으키는 것이다. 자전거에서
유일하게 살아 있는 것은 그것을 움직이는 사람뿐이다.
올라타기 전에는 몸이 덜 풀린 상태였더라도, 일단 달리기
시작하면 이 스포츠가 신기하고 재미있게 여겨지기
한참 전부터 단계에 주변 모든 것에 민첩하고 예민하게
반응하게 된다.

　　규칙적으로 운동하는 습관을 가지고 건강을 유지하려
노력하는 사람은 그저 운동이 주는 이점과 즐거움만
누리면 된다. 단, 부상은 조심하면서. ◉

자신만의 페이스 찾기

19장

자전거를 타다 보면 마치 자전거가 나의 신체 일부인
것처럼 자연스럽고 쉽게 조종된다는 느낌을 받을 때가
있다. 상황을 완전히 장악하고 있다는 느낌. 자전거가
아주 작은 힘에도 곧바로 반응하고, 거의 의식하지 않아도
원하는 대로 움직인다는 감각. 이는 체중이 지탱되고 마찰
저항이 줄어들어 움직이면서도 힘을 쓰고 있다는 느낌이
거의 들지 않기 때문이다. 그 결과 영원히 달릴 수 있을
것만 같은 느낌을 받기도 한다.

이런 경우 흔히 겪는 문제 가운데 하나가 바로
호흡곤란이다. 그 원인은 여러 가지다. 때로는 초반부터
너무 속도를 내는 바람에 몸에 무리가 가서 호흡곤란이
오기도 한다. 근육이 편안하게 움직이려면 적절한 긴장
상태에 도달할 때까지 서서히 데워져야 한다. 바퀴가
쌩쌩 굴러가기 때문에 탑승자는 힘이 들지 않는 동안에도
근육은 빠른 속도로 계속 움직이고 가해진 힘이 거의 저항
없이 속도로 바뀌고 있다는 사실을 자각하지 못한다.
그러다 어느 순간 갑자기 숨이 가빠지고 결국 멈춰서
쉬어야 하는 상황이 온다.

호흡곤란은 짧은 시간에 많은 힘을 소모할 때
발생한다. 이는 주요한 원인 가운데 하나다. 자전거에서는
힘이 곧바로 속도로 전환된다. 오르막을 오를 때 숨이

가빠지는 원인은 탑승자의 자세보다 실제로 얼마나
많은 힘을 쓰느냐에 있다. 힘을 헛되이 쓰면 시도한
운동의 성과를 낼 수 없고, 지능적으로 쓰면 운동을 쉽고
안정적으로 해낼 수 있기에 필요할 때 다시 힘을 낼 수
있는 상태가 유지된다.

자전거를 타다 심장박동이 급격히 빨라지면 폐도
크게 팽창하는데, 이때는 입을 벌리고 거칠게 숨을 쉬어선
안 된다. 바로 여기에서 몸을 조이는 옷의 문제점이 매우
주요하게 드러난다. 상체를 곧게 세운 채 핸들 바를 잡고
있으면 탑승자의 윗가슴근육은 상대적으로 고정되거나
경직된 상태가 된다. 팔은 몸을 지탱하는 지렛대처럼
작용해 윗가슴의 팽창을 억제한다. 이때 공기는
압축되면서 옆과 아래 방향으로 밀려난다. 아랫 가슴의
팽창은 페달링 동작의 제약을 받는데, 페달이 올라갈 때는
위쪽으로 압력이 가해지고 내려갈 때는 근육의 압박이
더욱 커지기 때문이다. 그런데 허리띠가 단단히 조여져
있으면 호흡이 주로 위쪽으로만 이루어지고, 앉거나 걸을
때만 아래쪽 호흡을 할 수 있다. 좌우 팽창은 허리띠의
폭과 압박 정도에 크게 좌우된다.

자전거를 탈 때 두 손을 고정한 채 핸들을 단단히
쥐고 있으면 윗가슴은 상대적으로 딱딱하게 굳고 횡격막

아래쪽 근육은 격렬하게 움직인다. 그런데 힘을 쓰는
근육은 압박을 허용하지 않기 때문에 횡격막이 아래로
충분히 내려가지 못한다. 횡격막은 폐 아래쪽에서 가슴과
배 사이를 분리하는 근육성 벽이다. 몸통 아래쪽 근육이
활발히 움직이면 횡격막은 폐의 압력에 의해서만 아래로
조금 내려갈 수 있다. 그 결과 격렬하게 작동하며 공기로
잔뜩 팽창한 폐가 심장을 압박하고, 심장은 더 힘겹게
일하게 된다. 폐가 팽창한 상태에서 허리를 조이는 옷은
무조건 어느 정도의 압력을 가하게 된다. 자전거를 타는
사람의 폐는 팽창된 상태를 유지하며 거의 수축하지 않고
사방으로 균일하게 압력을 가한다. 이 때문에 횡격막이
아래로 눌려 큰 혈관에 압력을 가하면서 다리 쪽에
피로가 쌓인다. 또한 심장과 폐 주변의 큰 혈관도 압박을
받아 머리 쪽으로 혈류가 몰리면서 얼굴이 달아오르고
어지럼증과 두통이 생긴다. 따라서 자전거를 탈 때
허리를 압박하는 것은 매우 위험하며, 더불어 엉덩이가
비정상적으로 커지고 허리 위아래의 체형 라인이 뒤틀리는
원인이 되기도 한다.

호흡곤란과 근육 피로는 서로 전혀 다른 상태이므로
둘을 혼동해서는 안 된다. 호흡곤란은 전신적인 피로이고,
근육 피로는 국소적인 피로다. 숨이 차면 온몸의 근육이

모두 피로해져 움직이기 싫어질 뿐 아니라 실제로도 움직일 수 없게 된다. 특히 하체운동은 어떤 운동보다 빠르게 호흡곤란을 유발하므로, 자전거를 타는 사람은 이 점을 반드시 염두에 두어야 한다. 혈액 속의 이산화탄소 양에 비례해 호흡량도 증가한다. 다리에는 큰 근육이 모여 있어 짧은 시간에 큰 에너지를 소모하고, 그 결과 많은 양의 이산화탄소가 혈액으로 방출되는데 이산화탄소는 폐를 통해 배출되어야 한다.

사람마다 가장 편안하게 움직일 수 있는 고유한 속도, 즉 자신만의 페이스가 있다. 이 속도를 넘어서면 곧바로 무리하게 힘을 쓰고 과하게 에너지를 소비해 더 많은 양의 이산화탄소가 생성되므로, 이산화탄소를 배출해야 하는 몸은 적정한 페이스로 탈 때보다 훨씬 빨리 피로해진다. 모든 자전거 탑승자는 자신에게 맞는 속도를 본능적으로 알며, 그 속도를 벗어나면 지체 없이 숨이 차오른다는 사실 또한 잘 안다.

빠른 자전거 주행은 근육 사용이라는 점에서 달리기, 경주, 가속, 전력 질주와 매우 유사하다. 이 경우 짧은 시간 안에 엄청난 속도를 내기 때문에 많은 조직이 소모되고 다량의 이산화탄소가 빠르게 배출되어야 한다. 노력의 강도가 커질수록 소비되는 힘도 그만큼 증가한다. 그러나

폐가 위치한 흉강이 고정되어 움직이지 않으면 필요한
공기를 제대로 들이마실 수 없고 호흡 기능 자체도 크게
악화된다. 혈액 속 이산화탄소는 오히려 더 큰 노력을
자극하는 작용을 해서 이미 적절한 한계를 넘었음에도
멈춰서 쉬기보다는 더 계속해야 할 것 같은 욕구를
불러일으킨다.

세컨드 윈드란 신체 기능이 운동으로 인해 새롭게
변한 상태에 적응하면서 심장과 폐가 새로운 요구에 맞춰
균형을 이루고 작동하게 되는 상태를 말한다. 축에서
비껴난 진자를 놓으면 처음에는 불규칙하게 흔들리다가
새로운 리듬을 찾아 안정되는 것과 같다. 그 진자의 무게,
운동량, 축의 길이와 지렛대 비율에 맞는 고유한 리듬이
존재하듯 모든 반복되는 움직임에는 각기 고유한 리듬이
있으며, 그 리듬이 흐트러지면 다시 조정되는 데 약간의
시간이 필요하다. 심장과 폐 역시 자동으로 리드미컬하게
작동하는 기관이므로, 새로운 움직임이 시작되면 거기에
맞춰 다시 균형이 잡힐 때까지 일정한 조정 시간이
필요하다.

세컨드 윈드는 보통 운동을 시작하고 처음 15분이
지났을 때 나타난다. 만약 빠르게 찾아온다면 신체의 조정
작용이 신속하고, 노력에 대한 반응이 빠르며, 힘의 낭비가

적다는 뜻이다. 물론 개인차는 있지만, 운동을 한동안
쉬었다가 다시 시작하는 경우 이 세컨드 윈드를 얻는 데
종종 어려움을 겪는다. 따라서 무리하게 운동량을 늘리지
않도록 특별히 주의해야 한다.

운동을 충분히 한 것 같으면 멈추고 휴식을 취해야
한다. 활동적인 정신노동에서 활동적인 육체노동으로
전환하는 것이 정신에 휴식을 준다고들 말하지만, 진정한
의미에서 회복이 되는 휴식이라고 단정하기는 어렵다.
정신 활동과 육체 활동을 번갈아 반복하면 결국 에너지와
체력의 예비 저장분이 완전히 소모되는 탈진 상태에 이르게
된다. 보다 정확하게 말하자면, 활발한 정신 활동 후에는
신체의 균형을 회복할 정도의 적당한 근육 활동이 휴식을
위한 준비운동으로 좋다는 것이다.

어떤 종류의 정신노동이든 반드시 근육 활동이
수반된다. 호흡하고, 보고, 손을 움직이는 일 모두가
근육의 작용이기 때문이다. 따라서 문제의 핵심은 한
기능을 과도하게 사용해 다른 기능을 회복하는 것이
아니라 얼마만큼 움직이고 전체적인 힘의 균형이 얼마만큼
유지되었느냐다. 근육 활동을 제대로 하려면 반드시
두뇌와 의지의 작용이 수반되어야 한다. 그러므로 정신이
활발히 작동할 때에도 일정량의 근육조직이 소모되지만,

그것만으로는 신체를 충분히 활동적인 상태로 유지할 수
없다. 몸과 마음이 완전한 건강과 균형 상태에 있으려면
양쪽이 모두 고르게 활동해야 한다.

훈련이란 결국 준비에 지나지 않는다. 지속적인
정신노동에 종사하는 사람이라면, 일로 인한 피로에
맞설 준비가 충분히 되어 있는지 스스로 점검해 봐야
한다. 자전거 타기는 오락이자 스포츠이며, 다른 운동을
대신하거나 보완하는 훌륭한 휴식 수단이 될 수 있다. 일단
자전거 조작이 몸에 익숙해지면 근육은 거의 자동으로
움직이게 되니까. 이런 다양한 이유로 자전거 타기가 매우
효과적인 휴식 활동일 수 있다는 사실이 입증되었다.

자전거 타기는 인체 조직을 고르게 조절하는 탁월한
운동이다. 이 운동을 절제 있게 즐기면, 마치 큰비가
도시를 씻어 내듯이 체내에 쌓인 노폐물과 침전물이
말끔히 제거되어 몸이 새로워질 것이다.◉

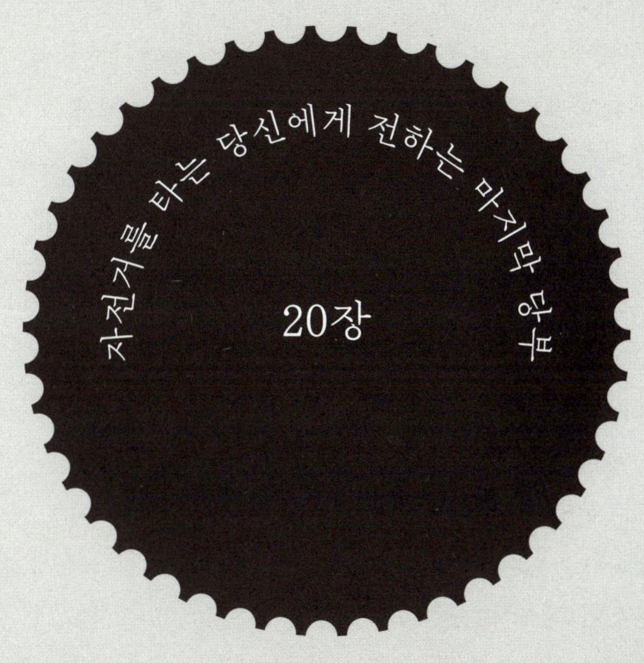

자전거를 타는 당신에게 전하는 마지막 당부
20장

별로 긴장하지 않은 상태에서는 대체로 힘을 낭비하지
않고 목표를 달성할 수 있다. 적은 힘으로도 할 수 있는
일에 굳이 큰 힘을 들인다면, 쓸데없이 긴장해서 힘을
낭비하고 있다는 뜻이다. 초보자가 자전거를 처음 배울
때 지나치게 힘을 쓰는 것 역시 잔뜩 긴장한 결과라고 볼
수 있다. 이는 예상치 못한 상황에서 오는 흥분이나 상황
자체의 새로움 때문이기도 하다. 하지만 매번 긴장한
상태로 심한 압박감을 느낀다면 자전거를 절대 오래 탈 수
없다.

사람에게는 저마다 할 수 있는 일의 양 혹은 스스로
해낼 수 있다고 믿는 일의 양이 있고, 이것이 곧 자신의
능력을 결정하는 하나의 기준이 된다. 어떤 일을 실제로
수행하려면 저장 에너지가 필요하다. 그렇다면 이 에너지를
가장 효과적으로 사용하는 방법은 무엇일까?

인간의 마음은 너무 복잡해서 모두 분석할 수는
없지만 우리는 보통 원해서, 해야 해서 혹은 어쩔 수 없어서
행동한다. 지속적으로, 끊임없이, 집중해서 무언가를
하려고 드는 노력에는 에너지가 필요하다. 게다가 어렵게
느끼며 두려워하는 일을 해내려면 더 많은 에너지가
필요하다. 자전거도 마찬가지다. 불안한 마음으로
자전거를 타면 신경이 긴장할 수밖에 없어서 이를

억제하고 견디는 데 많은 에너지를 소모하게 된다. 두려움,
불안감, 자신감 부족 역시 같은 결과를 낳는다. 자전거는
인간의 직접적인 힘으로 움직이는 기계이니만큼 그 힘이
분산되어선 안 된다.

자전거를 타며 얻는 상쾌한 활력이 어느 지점에
이르면, 운동으로 얻는 이점이 점차 줄어든다. 저장
에너지에서 더 많은 힘을 끌어다 쓰기 때문이다. 따라서
자전거로 운동의 효율을 높여 건강을 유지하려면 다른
종류의 운동과 병행하는 것이 바람직하다.

자전거는 이미 단련된 근육의 피로를 풀어 주고
좋은 컨디션을 유지하도록 해 주는 운동이지만, 반드시
분별 있게 해야 한다. 자전거는 모든 질병을 치료하는
만병통치약이 아니며, 적절하게 즐기면 전반적인 건강에
이롭지만 지나치면 오히려 건강을 해칠 수 있다.

선천적으로 겁이 많은 사람은 대담한 사람보다
성과를 이루기가 비교적 어렵다. 자신이 가진 힘을
자전거를 굴려 앞으로 나가는 데 쓰기보다 충돌에
대한 두려움이나 넘어질 것 같은 공포를 극복하는 데
소모하기 때문이다. 따라서 같은 힘을 들이고도 얼마
못 갈 수밖에 없으니 긴장하지 않고 지나치게 힘을 쓰지
않으면서 자연스럽게 자전거를 타는 법을 익혀야 한다.

또한 공포감에 사로잡히지 않을 환경에서 연습해야 한다.
두려움과 긴장, 공포가 계속되면 자전거 타기는 절대
즐거운 활동이 될 수 없을뿐더러 오래 지속할 수도 없다.
더 이상 자전거에 휘둘리지 않고 스스로 통제할 수 있다는
확신이 들면 비로소 진정한 자신감이 생길 것이다.

완벽한 자전거란 없다. 어느 한 제조사의 자전거가
가장 뛰어나다고 인정받는 경우 또한 없다. 자전거는
자신의 지식과 상황을 고려해 세심하게 판단해서 고르면
된다. 그렇게 선택한 자전거는 관광과 유람, 각종 탐험,
여행과 견문, 연구와 탐사에 이르기까지 당신에게
광범위한 가능성의 세계를 열어 준다.

생각해 보면 자전거를 타는 데는 상당한 비용이 들
수도 있다. 그러나 다른 모든 일과 마찬가지로 자전거 역시
필수와 사치 사이에서 선택할 수 있다. 자전거의 가장 큰
매력 가운데 하나는 이동 수단으로서의 단순함이다. 다시
말해 불필요한 짐을 모두 덜어 낼 수 있다. 자전거를 타는
사람은 그다지 필요하지 않은 모든 부속품을 과감히 버릴
줄 알고 꼭 필요한 물건 각각의 쓰임새를 모두 익히게
된다.

자전거는 건강을 가져다주고, 또 잃었던 건강을
되돌려준다. 비록 한계는 있지만, 그 효과가 워낙 크기에

언제나 더 큰 가능성을 기대하게 된다. 자전거를 있는 그대로 받아들이고, 지혜롭게 사용하며 그 즐거움을 온전히 누리고, 진정한 애호가가 되길 바란다. ◉

# 이 책은 자전거에 대한 이야기다
## 이민경

5년쯤 전, 나는 살아 있는 동안 살 수 있는 가장 큰 배를 사고 싶었다. 배에 대해 상상만 하는 건 질려 버렸다. 그런 이야기는 이미 너무 많았다. 여자들은 작가가 된 이후 자주 배와 항해를 메타포로 썼다. 그들은 참 잘 썼다. 마치 바다 한가운데 있는 듯도 했고 출항의 설렘을 느끼기도 했다. 그러나 아무리 묘사가 생생하고 이야기 속 풍랑이 험난해도 그걸로는 배를 살 수 없었다. 육신은 방 안에 있는데 정신만 드넓은 바다에 다녀온 듯 환기하는 건 그만하기로 했다. 어디까지나 그건 바다에 다녀온 '듯'이라는 사실이 나를 갑작스레 실망시켰기 때문이다.

이 책을 찾아 읽는 독자들이라면 나처럼 어릴 적부터 독서를 좋아했을 것 같다. 나는 많은 경험을 원했다. 그래서 독서광이었다. 독서의 장점인 간접경험.

한편으로는, 그래봐야 겨우 독서광이었다! 여자이기
때문이다. 경험이 많은 여자는 영 좋지 않게 보였다.
인도에 여성 교육 봉사를 하러 가고 싶어 하던 내게
엄마는 여자가 너무 자유로우면 안 된다고 했다.
남동생은 강간당하는 걸 즐기는 거냐면서 나를 때렸다.
하지만 인도에 다녀온 여행기를 읽는 건 금지되지 않았고
오히려 칭찬받았다. 독서는 날뛰는 정신을 숨길 수 있는
육체의 안전한 외도 같은 행위였다. 그러니 이 책에는
독서의 장점을 누릴 만한 여지가 별로 없을 것이다.
그 점은 당연하다. 이 책은 간접경험을 위한 목적으로
쓰이지 않았으니까. 이건 직접 자전거를 탈 때 필요한
책이니까. 한때 여자들이 작가가 되어 배에 대해 쓰는
일, 작가가 되지 못하는 채로 읽는 일이 똑같은 명분으로
금지당했음을 떠올려 보면 이 책은 이동성을 금지당한
집단이 그 금지를 뛰어넘는 경험을 하게끔 했던, 집단적
기억에 남아 있지 않으나 추론해 보면 분명 존재했을
소중한 한 순간에 대한 흥미로운 사료다. 그리고 나는
자전거 탈 자유에 대하여 외쳐 카타르시스를 만들어
내거나 자전거 탄 풍경을 묘사하여 마치 자전거를 탄 듯이
느끼게 해 주는 책보다 이 책이 더 재미있다. 이런 책 덕에
이제 겁 많은 여자도 자전거를 타는 것이다. 누군가 이런

자료를 남겼다는 사실과, 또 누군가 이 자료를 한국으로
들여와 출판하기로 했다는 사실이 너무나 흥미롭고, 또
아름답지 않은가?

　이 책의 아름다움은 자칫하면 평가절하될 텐데,
무엇이 아름답다는 결정 역시 무척 정치적이기 때문이고
만들어진 지식을 해석하는 방법을 익히는 것까지가
지식에 들어간다는 걸 나는 한국의 여성운동을 거치면서
몸으로 배웠고 석사과정에서 이론으로 배웠다. 인류는
한때 여자아이의 발을 꺾어 뜨거운 닭 속에 집어넣었고
곪아 썩은 발에서 나는 냄새를 성애화했고 여자들은
자신의 그런 발을 아름답다는 이유로 좋아했다. 그런
세상에서 누군가는 여자들에게 글 읽는 법, 계좌를 트는
법, 이혼하는 법, 원치 않는 임신에서 벗어나는 법, 주짓수
하는 법—투표권 운동을 하던 서프러제트suffragette들이
하던 운동이다—을 지식으로 생성해 전달했다. 2018년대
한국에서는 긴 머리와 화장을 강요하는 여성성에 반하여
여자에게 더 많은 비용을 물리지 않는 미용실 찾는 법,
머리를 짧게 잘라 주지 않겠다는 미용사에게 화내는 법,
돈을 모으는 법 같은 걸 공유했다.

　여자는 자전거를 타면 생식기에 문제가 생긴다,
지식이 많으면 마녀다, 아이를 낳지 못하면 불운을 몰고

　　　　　　　　　　　　　　　　　　　옮긴이의 말

온다는 악의적 무지와 싸워 이긴 역사가 눈앞에 있다.
안타깝게도 혁명의 방법이 구체적으로 손에 잡힐수록 그
가치가 바로 보이지 않나 보다. 공포에 집어삼켜져 감히
엄두 내지 못했던 수단이 이제는 길거리에 널려 있고, 거기
접근해도 아무도 제지하지 않기 때문에 심드렁하게 느껴질
수 있었다는 이 전회를 알아보는 방법 역시 배워야만 알
수가 있다.

나는 4-5년 전부터 외국어를 가르친다. 한 번도
외국어를 배워 보지 않은 학생이라도 아주 빠르게
다중언어자가 되게 만든다. 그런 내가 수업에서 언급하는
건 낯선 말의 리듬을 타는 법, 호흡하는 법, 귀를 쓰는 법,
눈과 귀의 순서를 조정하는 법, 사전적 정의에 얽매이지
않는 법, 추론하는 법, 즉각적으로 반응하는 법 같은
오로지 실용적인 기술들이다. 다시 시도하고 실패하고
바로잡히고, 칭찬받고, 웃고, 서로에게 반응하고, 상대의
말을 기다리는 시간 중에 여성인권, 자유, 해방 같은
관념적인 단어는 거의 등장하지 않는다. 그렇게 해내서
출국을 시키고 나면 이따금 사무실로 그 나라의 언어로 된
책 한 권과 편지가 도착하는 일이 있다. 그 편지 속에 내가
책에서 읽고 싶어 하던 이야기가 있다.

외국어를 가르치는 이유는 이동성을 증진할 수 있는

가장 빠른 길이자, 다른 방면으로 이동성을 갖추었다
해도 충분히 익히지 않으면 발목을 잡을 수 있는 잠재적
문제라는 점 때문이다. 나의 주 전공은 프랑스어인데,
놀라운 사실은 프랑스어를 하고 싶어 하는 여성들에게
자전거를 금지하던 때와 유사한 금기와 억압이 여전히
작동한다는 것이다. 정신착란과 문란은 늘 움직이는
여자를 가둬 두는 좋은 명분이었다. 외국어에 한해서는
가지고 있던 언어도 잃게 될 것이다, 도전했다가 오히려
역량이 감소할 것이다, 본분을 다하지 못하게 되리라는
경고가 특징적이라고 볼 수 있는데, 그 걱정의 심층부에
있는 본분이란 겨우 여성성인 경우도 제법 있다. '언어가
늘어나면 정신이 헷갈릴 것이다.' 이건 가짜다.

　　한때 자전거 타려고 하는 여자를 향했던 이런 신화를
깨기 위해 통번역학 박사과정에 진학 중이다. 여성이
여성이기 때문에 겪는 억압에서 벗어나고 이동하기 위해서
필요한 지식은 학제를 가리지 않고 전방위에 존재한다.
외국어 수업에는 비유가 자주 등장한다. 그러나 이 비유는
실제 경험과 밀접하게 닿아 있다. 발리에 가서 서핑을 해
보고 나서 서핑하듯 하라고 설명했고 두바이에서 차를
처음 빌려 운전해 보고 운전하듯 하라고 설명했다. 이 일을
같이 하는 직원들에게 나는 전부 1종 면허를 따 오도록



옮긴이의 말

요구했다. 여성들이 운전하는 방법을 익히고 또 그 방법을 전수하는 건 정말 중요하다. 여성이 운전을 하기에 여전히 적대적인 환경이기 때문이다. 우연히 내가 찾은 한 여자 선생님이 있어서, 면허를 따 오면 그 선생님에게 연수를 끊임없이 보냈다. 운전이 서툴기 때문에 연습용으로 산 차는 종잇장처럼 찢어질 수밖에 없었고, 자꾸만 똑같은 차로 다른 여자들을 연수해 달라는 연락을 받던 그 선생님이 차를 처음 보던 날 차의 몰골을 보고 "이건… 혁명가의 차예요?"라고 물었다. 그리고 주차하는 법, 후진하는 법, 속도를 조절하는 법을 알려 주었다. 그렇게 하면서 트럭을 샀다. 상상에서 배로 점프할 수는 없기 때문에. 그 1톤 트럭이 배에 가장 가까울 만큼 크고, 여전히 한참 작았기 때문이다.

그러니 이 책의 가치는 나에게 쉽게 읽힌다. 여자들에게 글을 읽게 하는 법이 으레 고무적으로 여겨지고 아름답게 느껴지는 반면 자전거를 타고 움직이는 방법에 대한 이 자세한 기술서의 미적 가치를 알아보기는 어렵다는 점에 대해 문제의식을 가지고 있다. 그래서 끊임없이 외국어를 가르치면서 면허를 따게 했다. 이 역사를 이어받은 나의 남아 있는 과제이다. 이미 끝난 독립운동의 기록을 펴낸 책을 보고 이제 상관없는

책이라고 하는 사람은 없으니 이 책도 그렇게 읽힘이
공평하다.

　나는 지금 인도로 가고 있다. 이미 그사이 세 번인가
다녀왔기 때문에 더 이상 가슴이 뛰진 않고 그저 출입국
심사의 줄이 길지 않기만을 바랄 뿐이다. 내가 차린 회사의
직원들과 같이 간다. 배를 사기 위해 필요했던 건 배에
대한 상징이 아니라 법인이었거든. 배를 살 만큼 커지려면
테크를 알아야 하는구나, 싶어서 가고 있다. 이럴 수 있는,
이럴 수 있었던, 이럴 수 있을 여자에게 자전거 하나 못
타게 하는 세상을 저자가 어떻게 이겼는지 읽어 볼 수
있어서 참 감사한 시간이었다.◉



옮긴이의 말

여성, 자전거, 자유
: 자립의 도구, 불확실성을 다루는 기계, 새로운 가능성을 여는 관문

2026년 3월 4일    초판 1쇄 발행

**지은이**    **옮긴이**
마리아 E. 워드    이민경 · 변유선

**펴낸이**    **펴낸곳**    **등록**
조성웅    도서출판 유유    제406-2010-000032호(2010년 4월 2일)

**주소**
경기도 파주시 돌곶이길 180-38, 2층(우편번호 10881)

**전화**    **팩스**    **홈페이지**    **전자우편**
031-946-6869    0303-3444-4645    uupress.co.kr    uupress@gmail.com

**페이스북**    **트위터**    **인스타그램**
facebook.com    twitter.com    instagram.com
/uupress    /uu_press    /uupress

**편집**    **디자인**    **마케팅**
인수, 류현영    퍼머넌트 잉크    전민영

**제작**    **인쇄**    **제책**    **물류**
제이오    (주)민언프린텍    라정문화사    책과일터

ISBN  979-11-6770-149-7  03900